# 车辆轮轴加工与组装

刘胜勇　编著


中国铁道出版社

2012·北京

## 内容简介

本书主要以国内铁路新造车辆轮轴的加工、组装技术为基础，对正确应用轮轴基础生产线以期提高车辆轮轴加工、组装质量进行了详细论述。首先，对车辆轮轴加工、组装图纸进行了分析，介绍了人员培训方案、工卡量具和工装方案。其次，对车辆轮轴加工、组装工艺生产线所选用的相应设备性能和技术参数进行了介绍，重点讲述了如何正确使用和调整设备，以期能够节约制造成本和提高产品质量。最后，作者还依据在现场多年积累的车辆轮轴管理、设备使用调整等经验，对车辆轮轴加工、组装过程中普遍存在的问题和一些特例进行了原因分析，提出了整改措施。

本书适用于铁路货车车辆轮轴加工、组装人员，验收管理人员及检修维护人员。


**图书在版编目(CIP)数据**

车辆轮轴加工与组装/刘胜勇编著. —北京：中国铁道出版社，2012.3

ISBN 978-7-113-14228-5

Ⅰ.①车… Ⅱ.①刘… Ⅲ.①铁路车辆：货车—轮轴—加工 ②铁路车辆：货车—轮轴—组装 Ⅳ.①U270.331

中国版本图书馆CIP数据核字(2012)第040486号

**书　　名：车辆轮轴加工与组装**
**作　　者：**刘胜勇　编著
**责任编辑：**孙　楠　**编辑部电话：**010-51873421　**电子信箱：**tdpress@126.com
**封面设计：**崔　欣
**责任校对：**胡明锋
**责任印制：**陆　宁
**出版发行：**中国铁道出版社(100054，北京市西城区右安门西街8号)
**网　　址：**http://www.tdpress.com
**印　　刷：**三河市兴达印务有限公司
**版　　次：**2012年3月第1版　　2012年3月第1次印刷
**开　　本：**880 mm×1230 mm　1/32　印张：5.5　字数：163千
**印　　数：**1～4 000册
**书　　号：**ISBN 978-7-113-14228-5
**定　　价：**15.00元


---


**版权所有　侵权必究**

凡购买铁道版图书，如有印制质量问题，请与本社读者服务部联系调换。

电话：(010)51873170(发行部)

打击盗版举报电话：市电(010)63549504，路电(021)73187

# 前　言

车辆轮轴是以转向架为载荷承受体的铁路货车运输的重要零部件，其质量状况直接关系到铁路运营的安全，也是影响铁路货车制造成本的重要组成部分。车辆轮轴技术的发展和运用，体现了一个国家货物重载和高速运输的水平，是铁路大发展的“瓶颈”之一。

本书共分4章，第1章介绍了国内轮轴工艺生产线的建设和应用情况，指出了工艺生产线投用后在产品加工和日常维护方面所面临的严峻形势和迫切需求。第2章对车辆轮轴加工与组装的图纸进行了分析，根据部文规定和生产现状，设置了生产工序，制定了相应制度，培训了人员，选择了工卡量具和工装。第3章介绍了车辆轮轴加工与组装生产线选用设备的性能和技术参数，重点讲述了如何正确使用和调整这些设备。第4章对车辆轮轴加工与组装过程中普遍存在的问题和一些特例进行了原因分析并提出了整改措施。

本书融入了作者近十年的车辆轮轴加工组装管理经验和设备使用调整心得，对国内外车辆轮轴的加工与组装具有非常强的指导意义和参考价值。

由于编者水平有限，书中难免有不足之处，恳请广大读者批评、指正。

作者

2012.1于济南

# 目　　录

# 1 绪　论

## 1.1　车辆轮轴技术的发展

### 1.1.1　国外车辆轮轴技术的发展

轮轴(见图 1-1)是铁路机车车辆走行部位的重要部件,轮轴的加工、组装质量直接关系到行车的安全性,也是影响铁路货车制造和运行成本的重要因素。在铁路诞生以来的 160 多年中,随着铁路运输的发展,轮轴技术的进步一直是世界各国铁路所关注的热点。

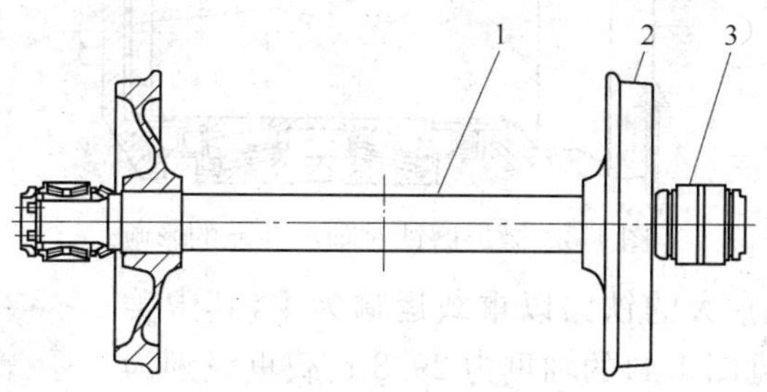


图 1-1　车辆轮轴示意图

1—车轴;2—车轮;3—轴承

自 20 世纪 50 年代以来,世界铁路迎来高速、重载运输发展的新时期,许多发达国家依照本国情况,竞相开行重载货物列车。这一举措有力地促进了高速、重载轮轴技术的开发和应用,例如在列车因振动产生的噪声、车轮与轮轨的摩擦、车轮的材质和外形、车轴的材质和外形、车轴的运用周期以及轮轴的最优化设计等方面进行的理论研究和大量科学试验,截至目前已有许多研究成果被投入到轮轴的实际生产和运用过程中。

澳大利亚的重载铁路运输在世界上是比较先进的,其重载铁路线上运行着世界上最重、最长的货运列车(即 2001 年 6 月 21 日在纽曼山—海德兰铁路线上由 8 台 AC 6000 型机车牵引的 682 辆货车,列车全长 7 353 m、总重 99 734 t,净载重 82 000 t;见图 1-2);该国货车的轴重已达到了 30 t 及以上。为了满足车辆高速、重载的要求及进一步提高车辆的使用可靠性,包括澳大利亚在内的世界各国都在不断地改进轮轴的结构,如缩短车轴载荷中心到轴颈根部的距离以降低车轴轴颈根部的应力和弯曲变形,及对轴承内圈和密封装置进行优化设计以使其结构紧凑和有效改善微振磨蚀对轴承性能的影响(见图 1-3)等。

图 1-2　澳大利亚纽曼山—海德兰铁路线上的货车

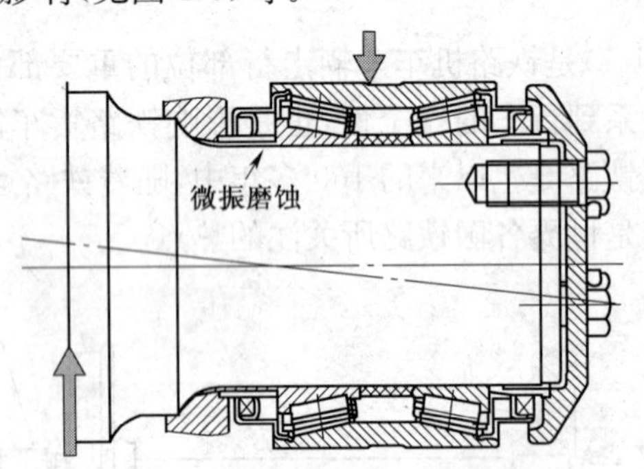


图 1-3　微振磨蚀对轴承性能的影响

美国和加拿大的铁路以重载运输为主,其中美国铁路货车(见图 1-4)的轴重为 29.8 t、载重级别为 90～100 t 的 F 轴。目前,美国的主型新造货车普遍采用轴重为 32.43 t、载重级别为 110 t 级的超 F 轴;并且已逐渐淘汰了大部分轴重为 25 t 的货车。而欧洲铁路现有货车的轴重为18～22.5 t,列车最高运行速度可达 140～160 km/h。近年来,欧洲开始研究试验开行 25 t 轴重的重载货车和 200 km/h 的轻快货车。

图 1-4　美国的重载铁路货车

当今的高速重载轮轴技术在结构设计上还有许多亟待开发和研究的问题,如在高速车轮上采用复合材料等新材质、重载轮轴的轻量化和抗疲劳研究以及在高速运输中推广使用空心轴(见图 1-5)等。

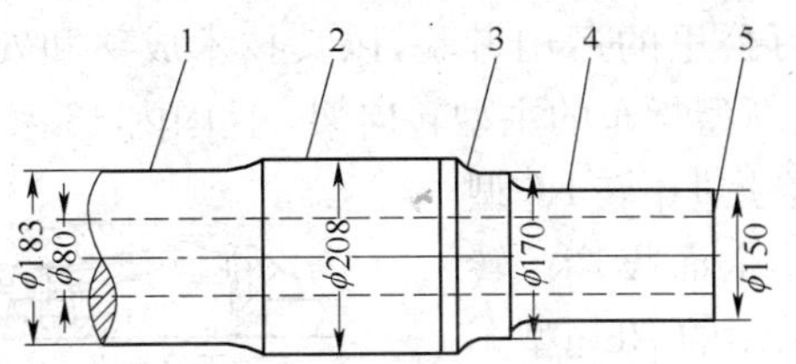


图 1-5　空心车轴局部结构图

1—轴身；2—轮座；3—过渡圆弧；4—轴颈；5—内孔

### 1.1.2　国内车辆轮轴技术的发展

与国外高速、重载铁路运输的大发展相比，中国在高速、重载铁路运输方面技术相对薄弱，起步较晚，且运用前景广阔。近几年来，为提高我国铁路货物运输能力，缓解制约国民经济发展的瓶颈问题，有效降低能源消耗，在铁路快速发展战略的指导下，铁路货车系统全面落实科学发展观，坚持技术引进与自主创新相结合，走引进、消化吸收再创新与自主创新之路，在提速、重载方面通过集成创新和通力合作，及时推出了一系列的货车新品种及配套技术，成功实现了铁路货车由 60 t 级向 70 t 级的全面升级换代。2005 年 3 月，铁道部组织国内各厂家联合研制了 $C_{70}$ 型载重级别为 70 t 的通用敞车，配置 25 t 轴重的转 K5 或转 K6 型转向架（见图 1-6）。作为装用在 $C_{76}$ 型敞车、$C_{80}$ 型敞车、$X_{2K}$ 型平车上的转 K6 型转

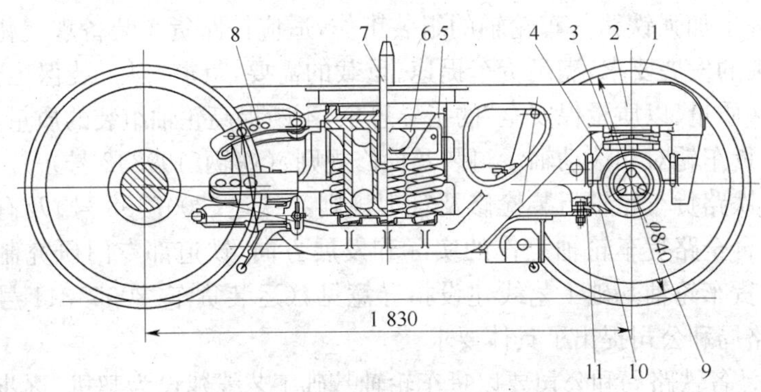


图 1-6　转 K6 型转向架结构示意图

1—轮对组成；2—侧架组成；3—轴箱橡胶垫；

4—承载鞍；5—斜楔；6—摇枕组成；7—中心销；

8—制动装置；9—滚动轴承装置；10—挡键；11—调整垫

向架，经过数十万公里的运用考验，以其技术成熟和安全可靠的相对优势，成为 70 t 级新型货车的主型转向架，且国内 18 家铁路货车生产企业中有 17 家已经引进了转 K6 型转向架的技术并全面投产。转 K6 型转向架所采用的 $RE_{2B}$ 型车轴，与以往的车轴形式相比，车轴载荷中心距仍为 1 981 mm，但车轴载荷中心到轴颈根部的距离缩短为 110 mm，可进一步降低轴颈根部的应力和弯曲变形（见图 1-7）以及 $RE_{2B}$ 型车轴无卸荷槽的短轴颈和防尘板座结构等，使得 $RE_{2B}$ 型车轴成为我国现行乃至今后铁路货车运输的主型车轴，自 2006 年起全路货车招标以全部购置 25 t 轴重的货车为主。

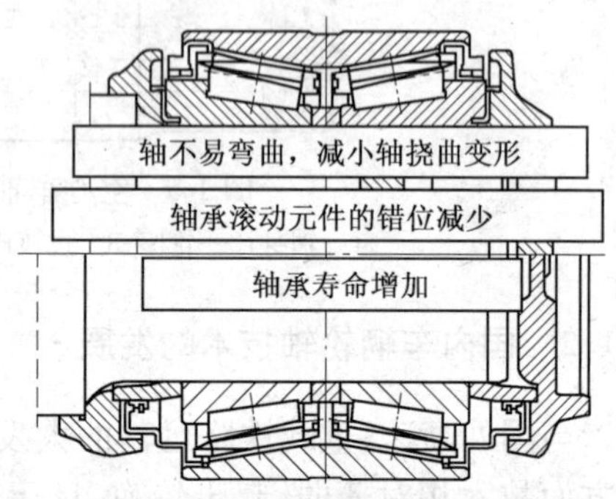

图 1-7　短轴颈的运用优势

在未来的几年内，我国将从增大轴重和载重及降低车辆自重系数等方面入手，进一步提高铁路货车的运能。

## 1.2　车辆轮轴工艺生产线的建设情况

为了加强铁路货车轮轴的组装工作，适应铁路货车装备现代化对车辆轮轴的发展要求，满足货车提速、重载的需要，贯彻“以工装保工艺、以工艺保质量、以质量保安全”的指导思想，不断提高轮轴组装的质量，根据《铁路货车轮对和滚动轴承组装及检修规则》（铁辆〔1998〕2 号）——现修订为《铁路货车轮轴组装检修及管理规则》（铁运〔2007〕98 号）及有关要求，结合全路货车轮轴工作的实际和发展方向，铁道部专门研究制定了《铁路货车轮轴基础工艺线建设指导意见》（运装货车〔2005〕311 号），对各铁路局和公司提出了具体要求。

1. 各铁路局和公司要以货车轮轴基础工艺线建设为契机，逐步实现货车轮轴“检修及加工数控化、检测及组装自动化、过程管理信息化”的目标。

2. 对货车轮轴生产中的关键工序要实现数控加工和自动监测，并加快配备车轴成型数控磨床，在 2006 年底之前配备轮对全自动压装机或轮对自动组装单元和荧光磁粉车轴探伤机。

3. 各铁路局和公司要重视轮轴信息化的建设，轮轴基础工艺线的调整和改造要结合货车轮轴管理系统一并实施，生产过程的管理信息要达到实时准确地自动采集，以实现轮轴过程管理的信息化。

4. 承担新制轮对的单位须在 2006 年底之前全部完成车轴和车轮加工、组装工艺线的建设。

5. 对按期达到或提前完成项目改造并通过铁道部认证的公司和铁路局，在 2007 年货车第一次招标中作为评标因素给予适当加分，对不按期完成改造项目或不按要求进行工艺布局调整和改造的单位，将根据具体情况在以后的招标中进行考核或取消其生产资质。

《铁路货车轮轴基础工艺线建设指导意见》(运装货车〔2005〕311 号)规定了车轴和车轮加工组装工艺线的相应工序设置，车轴加工(无卸荷槽)工序的设置见图 1-8 所示，车轮加工工序的设置见图 1-9 所示，轮对组装工序的设置见图 1-10 所示。

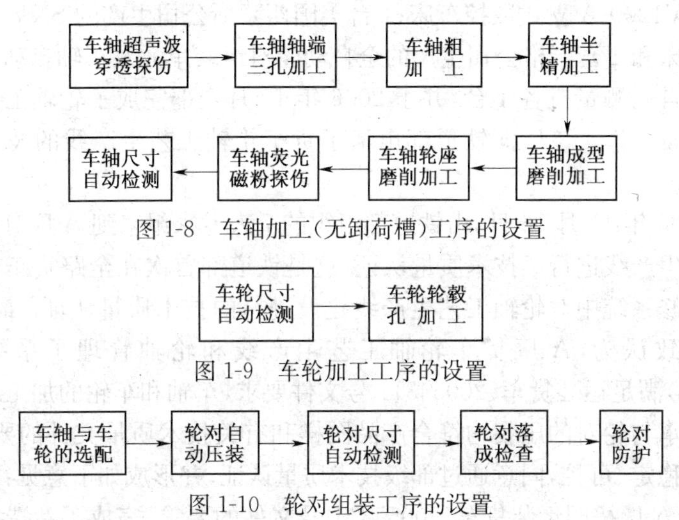


图 1-8　车轴加工(无卸荷槽)工序的设置

图 1-9　车轮加工工序的设置

图 1-10　轮对组装工序的设置

为了进一步抓好货车轮轴基础工艺线建设的落实，促进铁路货车轮轴造修工作又好又快地发展，不断提高货车轮轴造修质量，确保铁路第六次大提速的持续安全和稳定，运输局装备部组织了 10 个货车轮轴质量检查组，于 2007 年 11 月 16 日至 11 月 30 日对 18 个铁路局及 21 个造修厂的货车轮轴工作进行了专项检查。检查结果显示，轮轴基础工艺线成效显著，但建设水平参差不齐。近两年来，各铁路局和公司根据铁道部运输局《铁路货车轮轴基础工艺线建设指导意见》（运装货车〔2005〕311 号），均做了大量的工作，轮轴基础工艺线建设相对比较完善的单位有齐车公司和沈车公司等单位；工艺线建设不完善或比较差的有铜陵车辆厂等单位。

### 1.2.1 A 厂轮轴工艺生产线的建设状况

A 厂按照《铁路货车轮轴基础工艺线建设指导意见》（运装货车〔2005〕311 号）的要求，耗资 4 000 多万元，购买了 3 台台湾优冈卧式数控车床、2 台车轴成型数控磨床（1 台美国西蒙斯公司生产的 SIMMONS480-2 轴成型磨床、1 台德国肖特公司生产的 PF61-S3000 成型磨床）、1 台上海机床有限公司生产的 MK1350×3000 型数控外圆磨床、1 台 CJW-3000Z 车轴荧光磁粉探伤机、1 台台湾油机工业股份有限公司生产的 YV1200-A 立式数控车床、1 台美国西蒙斯公司生产的 SN-841 立式车轮镗床和 1 套泰格公司生产的全自动轮对组装单元及车轴自动测量机和轮对自动测量机各 1 台，并于 2006 年 10 月全部完成了轮轴工艺生产线的建设工作。该厂向铁道部申请了货车轮轴工艺生产线的技术质量认证。

2006 年 11 月 16 日，由铁道部组织的 7 人专家组来到 A 厂对货车轮轴工艺生产线进行了技术质量认证，这是铁道部首次在全路货车轮轴新造和检修系统中对轮轴工艺生产线建设进行的技术质量认证。最后，专家组一致认为，A 厂货车轮轴工艺生产线和轮轴管理子系统建设（HMIS）满足运装货车〔2005〕311 号文件要求，车轴和车轮的加工与组装以及轴承与轮对的压装均符合产品图样和有关技术质量文件的要求，产品质量稳定、可控，同意通过部级技术质量认证；并形成如下意见：

1. A 厂按照运装货车〔2005〕311 号文件的要求，完成了新造货车轮轴基础工艺线的建设。轮轴制造的关键工序中采用了进口成型数控磨床、车轴自动测量机、车轮立式数控车床、全自动轮对压装机等先进设备，实现了“加工数控化、检测及组装自动化”的目标和要求，达到了国内领先水平。

2. 轮轴加工与组装的工艺流程合理，工序设置和主要工艺装备符合运装货车〔2005〕311 号文件要求，各工序的工艺文件和检测器具配备齐全，能够满足轮轴生产和质量控制的需要。

3. 经现场检测，轮轴各部件的加工与组装精度均符合产品图样和有关技术质量文件的要求；提供的认证资料基本齐全。

### 1.2.2 路内轮轴工艺生产线的建设情况

路内各单位，为了在激烈的市场竞争中多争得一定份额的铁路货车招标数量，均按照《铁路货车轮轴基础工艺线建设指导意见》（运装货车〔2005〕311 号）的要求，斥巨资购买了车轴成型数控磨床、车轴自动测量机、轮对压装机和轮对自动测量机及车轮数控镗床或数控车床等自动化程度非常高的精密数控设备，如某公司花费 2 亿元从国外进口整条轮轴工艺生产线，以期满足"轮轴加工数控化、检测及组装自动化、过程管理信息化"的要求。

路内部分单位的轮轴基础工艺线建设还需要在三方面进一步完善：

1. 尽快配齐自动化检测设备，进一步调整工艺流程，合理设置加工工序。

2. 在已具备新轴加工能力的单位中，目前还没有形成轮对自动组装能力的应尽快配置到位轮对自动组装单元。

3. 尽快对原有的车轮加工设备进行数控化改造。

铁道部在 2007 年 11 月 16 日至 11 月 30 日组织的货车轮轴质量检查中共发现存在问题 473 件，其中涉及铁路局系统 44 个车间的问题共计 301 件（见表 1-1），涉及工厂系统 21 个车间的问题共计 172 件（见表 1-2）。

**表 1-1 铁路货车轮轴质量检查发现问题明细表（铁路局）**

| 铁路局 | 车辆段 | 车间 | 发 现 问 题 |
|---|---|---|---|
| 哈尔滨 | 齐齐哈尔 | 齐齐哈尔轮轴车间 | 因未配备成型磨床，现不具备新车轴（$RE_{2B}$型）加工条件，未建成新组装工艺线 |
| 沈阳 | 苏家屯 | 苏家屯车轮车间 | 车轴加工流水线的布局不合理，车轴、轮对尺寸全自动检测机和轮对全自动压装机未配置 |

续上表

| 铁路局 | 车辆段 | 车间 | 发 现 问 题 |
|---|---|---|---|
| 沈阳 | 吉林 | 吉林车轮车间 | 立车没有进行数控改造，车轴、轮对参数自动检测设备没有配置 |
| 呼和 | 包头 | 包头轮轴车间 | 工艺线存在布局不合理，有流程不顺现象 |
| 武汉 | 江岸 | 武昌南车轮车间 | 工艺线建设有差距，有的关键设备没到位，如：车轴检测机、轮对支出自动检测设备等 |
| 上海 | 杭州北 | 杭州北轮轴车间 | 轮对压装机没有微机控制压装力曲线打印功能 |
| 昆明 | 昆明北 | 昆明北轮轴车间 | 未配备轮对尺寸自动测量机，轴端三孔钻床未投入使用 |
| 兰州 | 兰州西 | 兰州西检修车间和轮轴车间 | 立式车床不是数控 |
| 乌鲁木齐 | 乌鲁木齐西 | 乌鲁木齐西检修车间和轮轴车间 | 立式车床不是数控 |

**表 1-2 铁路货车轮轴质量检查发现问题明细表**（工厂）

| 工 厂 | 发 现 问 题 |
|---|---|
| 沈 阳 | 采用国产非全自动轮对压装机组装轮对时，还在通过目视判断车轴水平的方法，很不规范 |
| 铜 陵 | 工艺线建设有差距，关键设备不全。车轴自动检测机虽购，但未安装使用 |
| 戚墅堰 | (1)车轴检测机、轮对检测机正在调试中，还未正式投用；<br>(2)车轮数控加工设备还没有改造完毕 |
| 江 岸 | 工艺线建设不彻底，有些关键设备还未配备，如车轮数控精加工设备 |
| 武 昌 | (1)在车轴磨削方面没有使用规定的成型数控磨床；<br>(2)轮对压装机还是采用老设备，没有配备轮对自动压装单元；<br>(3)主要自动检测设备没有配置，如车轴检测机、轮对检测机等 |
| 柳 州 | 未配备成型数控磨床及相关自动检测设备 |
| 重庆铸锻 | 未配备微控轴端标记刻打机 |
| 西 安 | 轮对收入支出自动检测设备未配备 |

### 1.2.3 路外工厂轮轴工艺生产线的建设情况

路外的晋西铁路车辆公司从2004年开始对原轮轴工艺生产线进行

了整改和完善，购置了立车数控车床（2 台）、成型数控磨床（1 台）和全自动轮对压装机（1 台）等设备，配置了车轴尺寸自动检测机（1 台）、车轴荧光磁粉探伤机（1 台）和超声波探伤仪（1 台）等检验测试设备，以满足轮轴加工和检测的要求。至此，现行轮轴工艺生产线年生产轮轴能力可达到 1 万条。

另外，晋西铁路车辆公司为适应铁路大发展的要求，还投资建设了一条年产 2 万条轮轴的加工与组装生产线，以增强公司轮轴的生产能力。目前，该生产线中的设备已基本到位，其中西蒙斯数控外圆磨床已投入使用，轮对超声波探伤机、轮对自动压装机和轮对动平衡自动检测去重机已安装调试完毕，轮对尺寸激光自动检测机正在安装调试过程中，2 台台湾产立式数控车床正在海关办理入关手续，轮对预组装机将于 2007 年 11 月底到货；根据生产线建设计划，所有设备将于 2007 年 12 月 20 日投入使用。

### 1.2.4 轮轴工艺生产线所面临的形势

随着铁路发展步伐的加快，高速、重载已逐渐成为当前乃至今后一段时间内我国铁路货车发展的终极目标。铁路货车运用频次的显著增加，对货车的运用安全性是一个非常严峻的考验，进而迫切需要提高车辆轮轴的造修质量以有效地保证行车安全。为此，运输局装备部颁布了《铁路货车轮轴基础工艺线建设指导意见》（运装货车〔2005〕311 号），并提出了“轮轴检修及加工数控化、检测及组装自动化、过程管理信息化”的具体要求。

国内各轮轴生产单位为迅速跟上铁路大发展的步伐，近两年来均购置了大批量的数控设备，包括数控车床、成型数控磨床和数控镗床及一系列的自动化检测设备，并为了及早完工，能够成为全路第一家通过部级轮轴工艺生产线认证的厂家，便仓促调试投用这些设备。这些数控设备的短时间内全部消化吸收便成为了各生产单位的主题，有的单位还专门成立了数控设备服务中心或维修中心。各单位的工艺人员和设备技术人员及机床操作者的知识层次存在一定的差异，其自身技能也有一定的差别，因此他们对数控设备的正确使用与维护维修有着不同的理解，致使数控设备加工出的产品与图纸的要求存在一定的差距，从而生产出批量的问题轮轴。这些问题轮轴一旦装车使用，将给铁路货车的行车安全造成很大的安全隐患，甚至导致车毁人亡，给国家和人民带来不可估量的损失。另外，轮轴工艺生产线中的多数数控设备购买于美国、德国和西班牙等国家，且属于单一、关键型，当它们发生故障而停机时，轮轴生产单位无法依靠内部技术人员来诊断和排除机床的故障而只能邀请机床制造厂家的技术人员上门维修，且须向机床制造厂家支付高额的售后服务费用(除维修费用外，还包括技术人员的机票、住宿和餐费等)。

鉴于此，非常有必要对轮轴工艺生产线运用后，轮轴组装过程中出现的各类问题的原因进行分析汇总，并制定有针对性的整改措施，以便更大限度地发挥工艺线的优势，从而有效降低制造成本，进一步提高轮轴组装质量，保证行车安全。

# 2 车辆轮轴加工与组装的工艺分析

铁路车辆轮轴的加工、组装质量,直接影响着车辆运行的安全;其质量必须严格按照《铁路货车轮轴组装检修及管理规则》(铁运〔2007〕98号)的具体要求进行控制。在铁路货车的新造厂中,有个通常的说法:工艺保质量。因此,非常有必要按照 $RE_{2B}$ 型车轴和车轮及 $RE_{2B}$ 型轮对组装的图纸进行工艺分析。

## 2.1 车轴加工的工艺分析

图 2-1 所示为铁路主型货车的转 K6 型转向架采用的 $RE_{2B}$ 型车轴(半精加工)示意图,它是 LZ50 钢车轴毛坯生产厂家(如晋西、铜陵和包一机等)按照铁路相关标准为货车新造单位供应半光轴的图纸;其技术要求为:车轴需符合 TB/T 2945—1999《铁道车辆用 LZ50 钢车轴及钢坯技术条件》,不同直径过渡部分允许以标注的长度为半径制圆弧,轴颈、防尘板座和轮座部分允许存在接刀痕迹,未注公差按 GB/T 1804—2000《一般公差、未注公差的线性和角度尺寸的公差》中的 V 级要求,未注粗糙度 *Ra*50。

图 2-2 所示为铁路主型货车的转 K6 型转向架采用的 $RE_{2B}$ 型车轴(成品)示意图,它是铁路货车新造单位对采购进厂的 LZ50 钢半光轴(参照图 2-1 加工而成的半成品车轴),采用数控车床、三孔钻床和成型数控磨床等自动化设备进行加工的图纸;相应的放大图、剖视图和技术要求见图 2-3。

### 2.1.1 图纸分析和工序划分

当前大多数铁路货车单位(包括该厂在内)仅对 LZ50 钢车轴的三颈(轴颈、防尘板座和轮座)及轴颈根部、防尘板座根部和轴端螺栓孔进行加工。

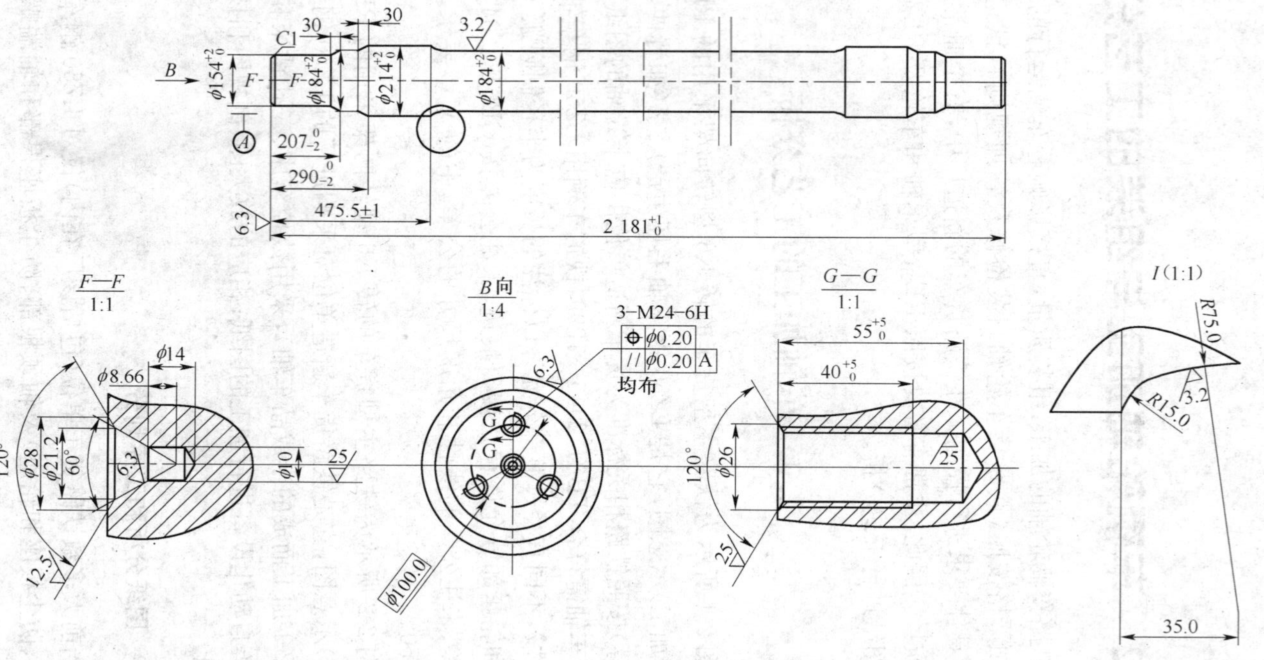


图 2-1 $RE_{2B}$型车轴(半精加工)示意图

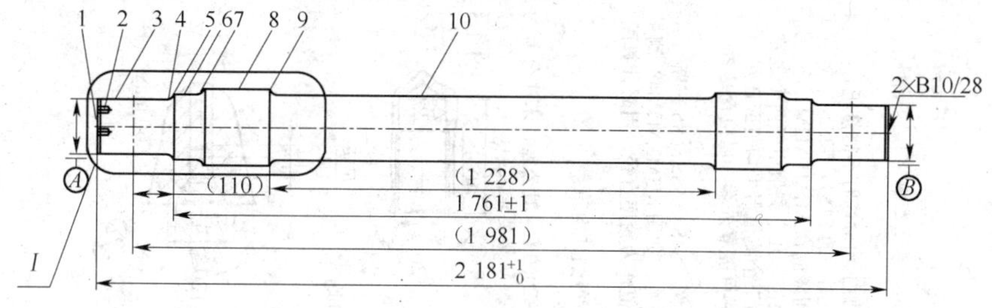


图 2-2 $RE_{2B}$型车轴(成品)示意图

1—中心孔;2—轴端螺栓孔;3—轴颈;4—轴颈根部;5—轴颈后肩;6—防尘板座;7—轮座前肩;8—轮座;9—轮座后肩;10—轴身

1. 工序设置:《铁路货车轮轴基础工艺线建设指导意见》(运装货车〔2005〕311 号)规定了 $RE_{2B}$型车轴加工的相应工序设置(见图 2-4)。对于车轴的磨削加工,在《铁路货车轮轴组装检修及管理规则》(铁运〔2007〕98 号)中的第二篇 3.9.1.1 条给予了明确的规定,即"轴颈及防尘板座须采用成型磨削工艺进行终加工,加工后需符合图样要求"。

在 $RE_{2B}$型车轴实际供货时,多数 LZ50 钢车轴毛坯生产厂家为了提高半光轴的销售价格,获取更大的利润,对少部分半光轴已进行了轴端三孔的加工,这样购进此类车轴的货车新造单位就不再对其进行轴端三孔的加工了。该厂为灵活适应所购买的半光轴时常出现轴端三孔不加工的情况,便对 $RE_{2B}$型车轴(无卸荷槽)的加工工序进行了如图 2-5 所示的设置(即修改后车轴加工工艺流程图)。

说明:车轴半精车加工对应于运装货车〔2005〕311 号文规定的车轴粗加工,车轴精车加工对应于运装货车〔2005〕311 号文规定的车轴半精加工。

2. 工序余量确定:认真对照分析图 2-1 和图 2-3 可知,$RE_{2B}$型车轴由半光轴被加工为成品的过程中,相应的各待加工部位的总加工余量如表 2-1 所示。

根据《铁路货车轮轴基础工艺线建设指导意见》(运装货车〔2005〕311 号)的"货车轮轴加工数控化、检测及组装自动化"的要求,该厂采用符合相关要求的货车轮轴基础工艺线进行 $RE_{2B}$型车轴的加工。根据所选用数控设备的加工(第 3 章介绍)特点、切削刀具的承受极限和 LZ50 钢车轴的切削性能,合理设置了各工序的切深(见表 2-2),并给出了车轴加工的各工序尺寸控制示意图,分别见图 2-6、图 2-7、图 2-8、图 2-9 和图 2-10。

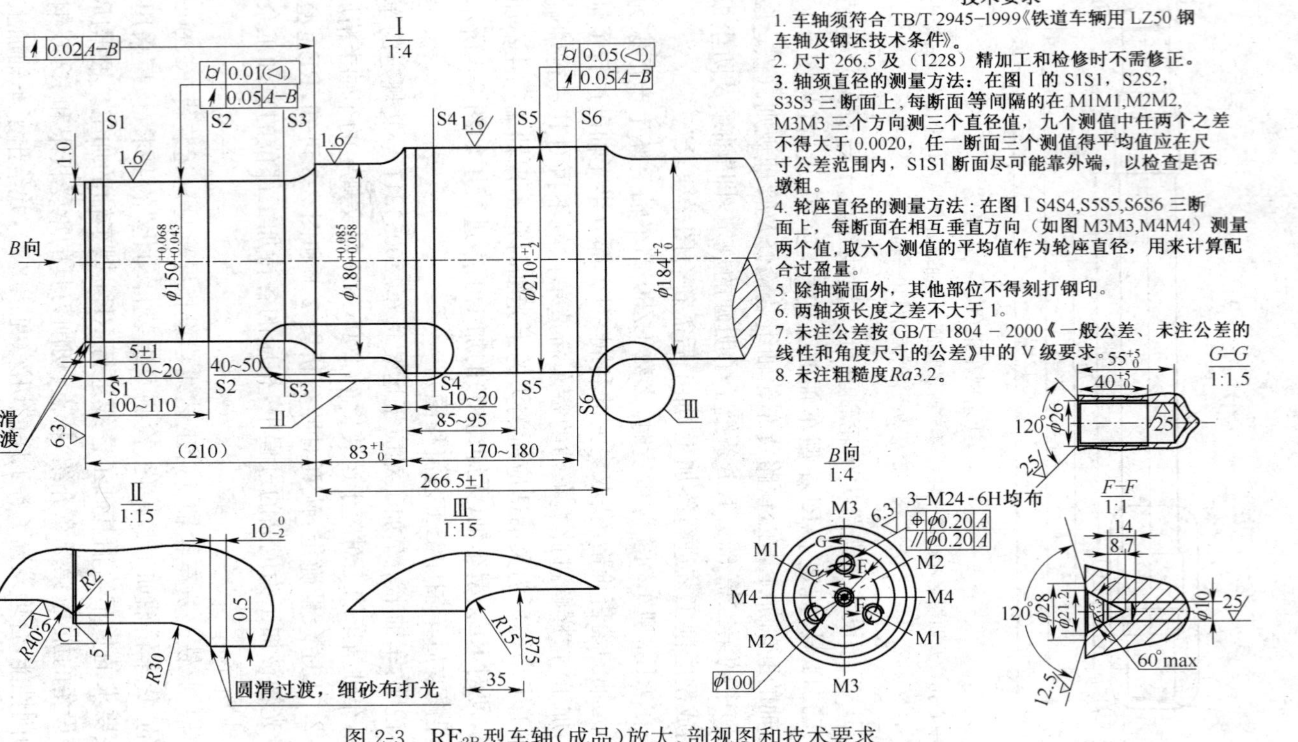


图 2-3　$RE_{2B}$型车轴（成品）放大、剖视图和技术要求

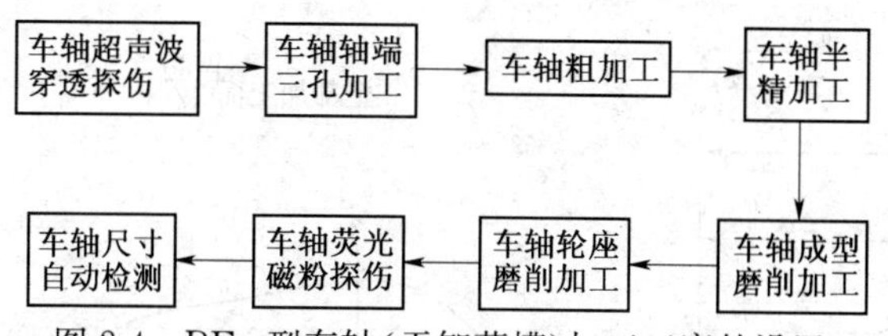


图 2-4 $RE_{2B}$型车轴(无卸荷槽)加工工序的设置

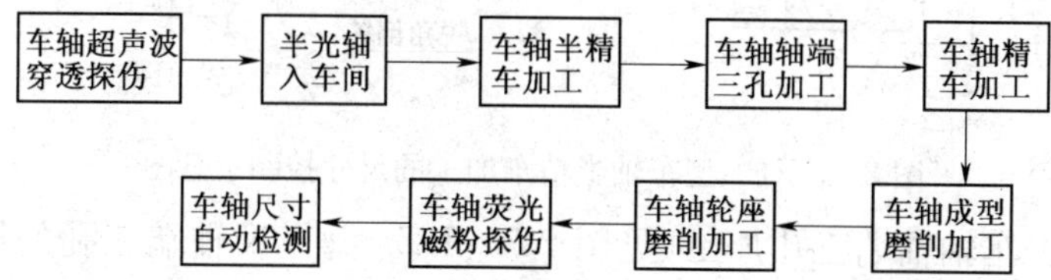


图 2-5 $RE_{2B}$型车轴(无卸荷槽)加工工序修改设置

**表 2-1 $RE_{2B}$型车轴待加工部位的总加工余量**

| 待加工部位 | 总加工余量(mm) |
|---|---|
| 轴颈 | 3.932～5.957 |
| 防尘板座 | 3.915～5.942 |
| 轮座 | 3～8 |
| 轴颈根部 | 9.6 |
| 防尘板座根部 | 7.8 |

**表 2-2 $RE_{2B}$型车轴加工各工序切深设置**

| 工序名称 | 车轴半精车加工 | | 车轴精车加工 | 车轴成型磨削加工 | 车轴轮座磨削加工 |
|---|---|---|---|---|---|
| | 三颈 | 两根部(圆弧) | 三颈及两根部(圆弧) | 两颈及两根部(圆弧) | |
| 切深(mm) | 0.75～2 | ≤8.3 | 0.78～1.1 | 0.17～0.21 | 0.15～0.22 |

(1) 车轴半精车加工(见图 2-6):考虑 $RE_{2B}$型车轴半精车加工工序中轴颈根部和防尘板座根部的加工余量较大,无法一刀完成半精车的切削,故该工序的轴颈、防尘板座和轮座为一刀完成切削;轴颈根部和防尘板座根部为三刀完成切削,每刀的径向切深 $a_p = 1.77$ mm、轴向切深$a_e =$ 1.77 mm。

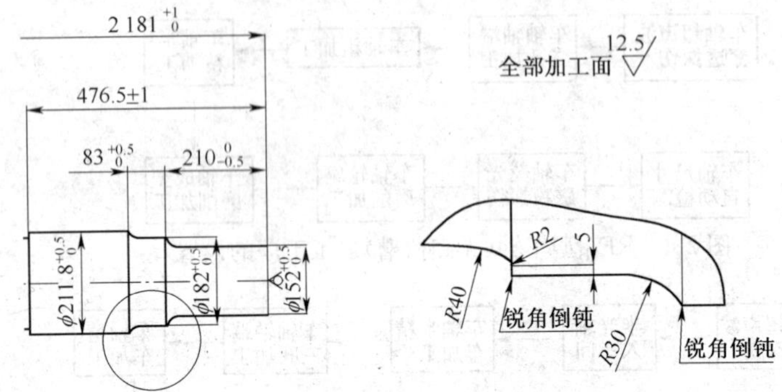


图 2-6　$RE_{2B}$型车轴半精车加工的尺寸控制示意图

(2) 车轴轴端三孔加工(见图 2-7):$RE_{2B}$ 型车轴轴端三孔的加工工序分为钻孔、扩孔和攻丝三个工步来完成 3 个 M24-6H 的螺栓孔加工。

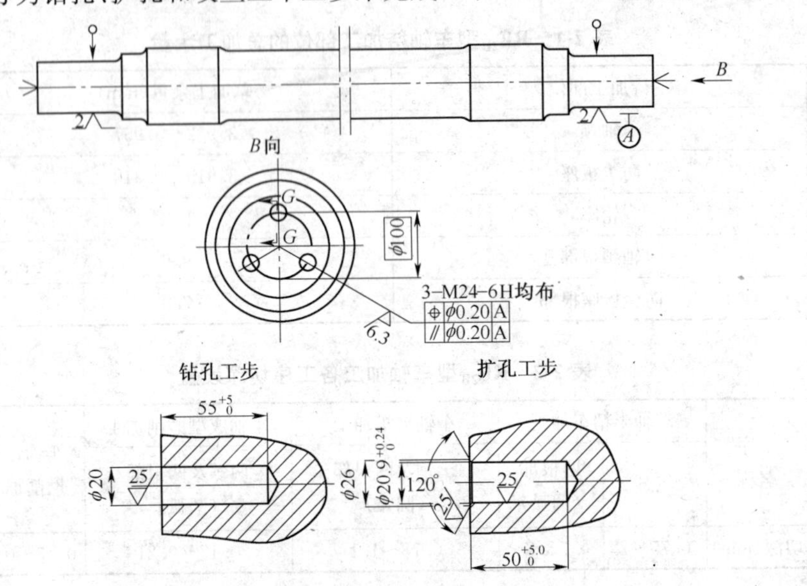


技术要求:
1.夹具夹紧时，防止工件夹紧部位有压痕。
2.钻、扩孔工步采用乳化液冷却；机用内冷丝锥攻丝采用乳化液冷却。
3.未注公差尺寸ϕ26极限偏差为±1(GB/T 1804-V级)。
4.三螺孔壁厚差按≤0.5mm 控制，以保证后工序的三孔位置度。
5.日常生产中，用螺纹塞规检查发现紧时，可用M24-H2 丝锥手工过丝。

图 2-7　$RE_{2B}$型车轴轴端三孔加工的尺寸控制示意图

（3）车轴精车加工（见图 2-8）：考虑 $RE_{2B}$ 型车轴精车加工工序轴颈根部和防尘板座根部及小立面的成型会影响下道工序（成型磨削加工）的磨削质量，特将轴颈根部和防尘板座根部及防尘板座的精加工分两刀完成切削，第一刀的径向切深 $a_p=1.0$ mm、轴向切深 $a_e=0.2$ mm。

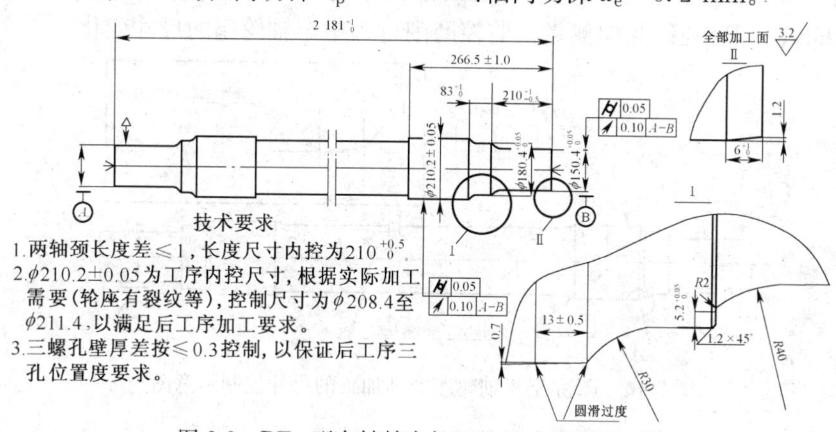


图 2-8　$RE_{2B}$型车轴精车加工的尺寸控制示意图

（4）车轴成型磨削加工（见图 2-9）：$RE_{2B}$ 型车轴成型磨削的加工工序为粗磨、半精磨、精磨和无火花磨削四个过程一次成型磨削完成的，并

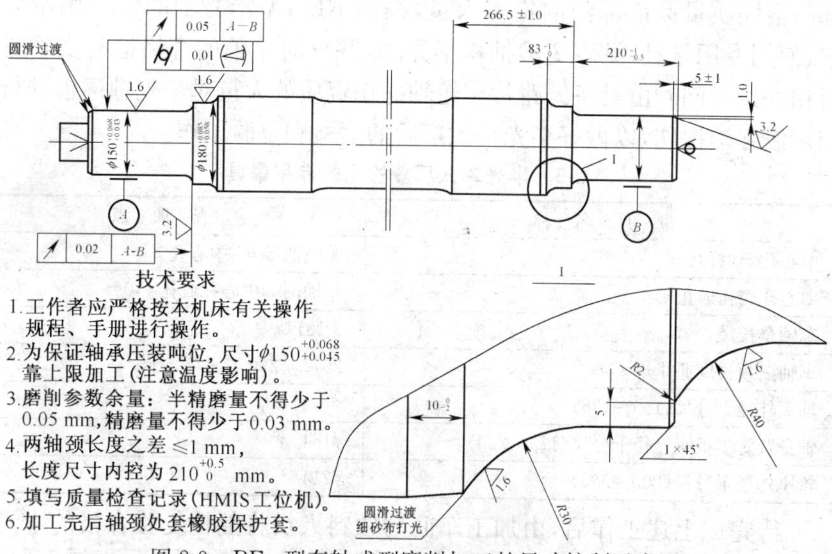


图 2-9　$RE_{2B}$型车轴成型磨削加工的尺寸控制示意图

采用 Marposs P5 或 E9 在线径向测量仪监控磨削过程中车轴轴颈尺寸的变化，同时间接控制防尘板座、轴颈根部和防尘板座根部的磨削尺寸。

(5) 车轴轮座磨削加工(见图 2-10)：$RE_{2B}$ 型车轴轮座磨削的加工工序为粗磨、半精磨、精磨和无火花磨削四个过程一次磨削完成的，并采用 Marposs P7 在线径向测量仪监控磨削过程中车轴轮座的尺寸变化。

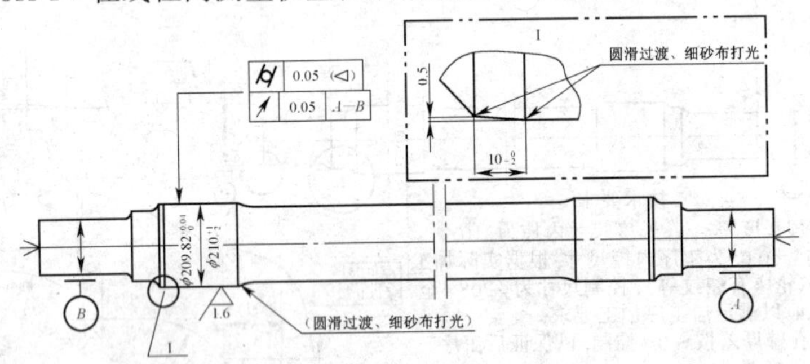


图 2-10 $RE_{2B}$ 型车轴轮座磨削加工的尺寸控制示意图

### 2.1.2 工卡量具的选用

1. 半光轴入车间：半光轴进入新造单位的加工车间前，由物资采购部门会同质量保证部门的检查人员，按照 $RE_{2B}$ 型半光轴的供货图纸要求，使用专用量具(见表 2-3)抽检半光轴，并核对车轴的合格证与实物是否相一致。同时由具备铁路货车轮轴探伤资质的人员对半光轴逐根进行超声波穿透探伤，以做好半光轴入厂后的复检和复验工作。

**表 2-3 半光轴入厂复检用的专用量具**

| 量具名称 | 检查项点 |
| --- | --- |
| 中心孔 60°样板 | 车轴两端 60°中心孔 |
| 中心孔底孔通止规 | 车轴两端中心孔底孔 φ10 |
| 车轴全长尺 | $2\,181^{+1}_{0}$ |
| 车轴三颈长度通止规 | $207_{-2}^{0}$、$290_{-2}^{0}$、$475.5\pm1$ |
| 轴颈外径千分尺(150～175) | $\phi154^{+2}_{0}$ |
| 轴身及防尘板座外径千分尺(175～200) | $\phi184^{+2}_{0}$ |
| 轮座外径千分尺(200～225) | $\phi214^{+2}_{0}$ |

待完成上述工作后，由加工车间的领料人员将复检复验合格的半光轴办理领料进入车间，并建立 $RE_{2B}$ 型轮轴加工、组装质量检查记录卡(见

表 2-4)和轮轴卡片(即车统—51D)后将半光轴派发到生产班组中。

**表 2-4　RE$_{2B}$型轮轴加工质量检查记录卡**

| 工序 | 内　容 | 级别 | 自检结果 | | 专检结果(抽) | |
|---|---|---|---|---|---|---|
| | | | 左 | 右 | 左 | 右 |
| 半精车三颈 | 轴颈 $\phi152^{+0.5}_{0}$ | | | | | |
| | 轴颈长 $210^{0}_{-0.5}$ | | | | | |
| | 防尘板座 $\phi182^{+0.5}_{0}$ | | | | | |
| | 防尘板座长 $83^{+0.5}_{0}$ | | | | | |
| | 轮座 $\phi211.8^{+0.5}_{0}$ | | | | | |
| | 工作者： | | | | 月 | 日 |
| 三孔加工 | 螺纹 3-M24-6H | | | | | |
| | 三孔位置度 $\phi0.20$ | | | | | |
| | 工作者： | | | | 月 | 日 |
| 精车三颈 | 轴颈 $\phi150.4^{+0.05}_{0}$ | | | | | |
| | 轴颈长 $210^{+1}_{-0.5}$ | | | | | |
| | 防尘板座 $\phi180.4^{+0.05}_{0}$ | | | | | |
| | 防尘板座长 $83^{+1}_{0}$ | | | | | |
| | 轮座 $\phi210.2\pm0.05$(内控) | | | | | |
| | 工作者： | | | | 月 | 日 |
| 磨轴颈、防尘板座及圆弧 | 轴颈 $\phi150^{+0.068}_{+0.043}$ | | | | | |
| | 轴颈长 $210^{+1}_{-0.5}$ | | | | | |
| | 轴颈(含圆弧)表面粗糙度 $Ra1.6\ \mu m$ | | | | | |
| | 防尘板座 $\phi180^{+0.085}_{+0.058}$ | | | | | |
| | 防尘板座长 $83^{+1}_{0}$ | | | | | |
| | 防颈表面粗糙度 $Ra1.6\ \mu m$ | | | | | |
| | 防颈圆弧(含轮座导入部)表面粗糙度 $Ra1.6\ \mu m$ | | | | | |
| | 工作者： | | | | 月 | 日 |
| 磨轮座 | 轮座 $\phi209.82^{+0.04}_{0}$($\phi210^{+1}_{-2}$) | | | | | |
| | 轮座粗糙度 $Ra1.6\ \mu m$ | | | | | |
| | 工作者： | | | | 月 | 日 |

2. 车轴半精车加工：该工序的操作者首先对上工序（即物资采购部门）转入的半光轴质量进行互检，合格方可开工，发现不良品时要按规定做好标识，并及时向加工车间的质量管理人员汇报；其次对卧式数控车床（台湾优冈 LC34-300 型或 LC34×3000 型）半精车加工完毕的车轴采用专用量具（见表 2-5）按规定进行自检，合格后填写 $RE_{2B}$型轮轴加工、组装质量检查记录卡，并使其随车轴一起流入下工序——轴端三孔加工。

**表 2-5　车轴半精车加工用自互检用量具**

| 量具名称 | 检查项点 |
|---|---|
| 中心孔 60°样板 | 车轴两端 60°中心孔 |
| 中心孔底孔通止规 | 两端中心孔底孔 $\phi10$ |
| 车轴全长尺 | $2181^{+1}_{0}$ |
| 车轴三颈长度通止规 | $207^{0}_{-2}$、$290^{0}_{-2}$、$475.5\pm1$ |
| 轴颈外径千分尺（150～175） | $\phi154^{+2}_{0}$、$\phi152^{+0.5}_{0}$ |
| 轴身及防尘板座外径千分尺（175～200） | $\phi184^{+2}_{0}$、$\phi182^{+0.5}_{0}$ |
| 轮座外径千分尺（200～225） | $\phi214^{+2}_{0}$、$\phi211.8^{+0.5}_{0}$ |
| 轴颈、防尘板座长用深度尺（300，0.02） | $210^{0}_{-0.5}$、$83^{+0.5}_{0}$ |

3. 车轴轴端三孔加工：该工序操作者首先对上工序（车轴半精车）加工的车轴质量进行互检，合格方可开工，发现不良品时要按规定做好标识，并及时向加工车间的质量管理人员汇报；其次对 SJX-9013 型专用钻、扩、攻组合机床加工完毕的车轴采用专用量具（见表 2-6）按规定进行自检，合格后填写 $RE_{2B}$型轮轴加工、组装质量检查记录卡，并使其随车轴一起流入下工序——车轴精车加工。

**表 2-6　车轴轴端三孔加工用自互检用量具**

| 量具名称 | 检查项点 |
|---|---|
| 轴颈外径千分尺（150～175） | $\phi152^{+0.5}_{0}$ |
| 防尘板座外径千分尺（175～200） | $\phi182^{+0.5}_{0}$ |
| 轮座外径千分尺（200～225） | $\phi211.8^{+0.5}_{0}$ |
| 轴颈、防尘板座长用深度尺（300，0.02） | $210^{0}_{-0.5}$、$83^{+0.5}_{0}$ |
| 游标卡尺（150，0.02） | 三螺孔壁厚差按≤0.5 mm |
| 螺纹塞规 M24 | 3-M24-6H 螺孔的通、止 |

4. 车轴精车加工：该工序操作者首先对上工序（车轴轴端三孔加工）的车轴加工质量进行互检，合格方可开工，发现不良品时要按规定做好标识，并及时向加工车间的质量管理人员汇报；其次对卧式数控车床（台湾优冈 LC34-300 型、LC34×3000 型或 LC34★3000 型）加工完毕的车轴采用专用量具（见表 2-7）按规定进行自检，合格后填写 $RE_{2B}$ 型轮轴加工、组装质量检查记录卡，并使其随车轴一起流入下工序——车轴成型磨削。

**表 2-7 车轴精车加工自互检用量具**

| 量具名称 | 检查项点 |
|---|---|
| 轴颈外径千分尺（150～175） | $\phi150.4^{+0.05}_{0}$ |
| 防尘板座外径千分尺（175～200） | $\phi180.4^{+0.05}_{0}$ |
| 轮座外径千分尺（200～225） | $\phi210.2\pm0.05$ |
| 轴颈、防尘板座长用深度尺（300，0.02） | $210^{+1}_{-0.5}$、$83^{+1}_{0}$、$5.2^{+0.05}_{0}$ |
| 盒尺片 | $6^{+1}_{0}\times1.2$、$(13\pm0.5)\times0.7$、$1.2\times45°$ |
| 游标卡尺（150，0.02） | 三螺孔壁厚差按≤0.3 mm |
| 螺纹塞规 M24 | 3-M24-6H 螺孔的通、止 |

5. 车轴成型磨削加工：该工序操作者首先对上工序（车轴精车加工）的车轴加工质量进行互检，合格方可开工，发现不良品时要按规定做好标识，并及时向加工车间的质量管理人员汇报；其次对成型数控磨床（SIMMONS480-2 轴成型磨床或肖特 PF61-S3000 成型磨床）加工完毕的车轴采用专用量具（见表 2-8）按规定进行自检，合格后填写 $RE_{2B}$ 型轮轴加工、组装质量检查记录卡，并使其随车轴一起流入下工序——车轴轮座磨削。

**表 2-8 车轴成型磨削加工自互检用量具**

| 量具名称 | 检查项点 |
|---|---|
| 轴颈外径千分尺（150～175） | $\phi150.4^{+0.05}_{0}$、$\phi150^{+0.068}_{+0.043}$ |
| 防尘板座外径千分尺（175～200） | $\phi180.4^{+0.05}_{0}$、$\phi180^{+0.085}_{+0.058}$ |
| 轴颈、防尘板座长用深度尺（300，0.02） | $210^{+1}_{-0.5}$、$83^{+1}_{0}$、5 |
| 盒尺片 | $(5\pm1)\times1$、$1\times45°$ |
| 粗糙度比较样块 | 轴颈、防尘板座及两根部 $Ra1.6\ \mu m$ |
| $RE_{2B}$成品轴颈、防尘板座圆弧样板 | $R40$、$R2$；$R30$ |
| 磁座百分表 | ↗ \| 0.05 \| A–B |

6. 车轴轮座磨削加工：该工序操作者首先对车轴精车加工后的轮座质量进行互检，合格方可开工，发现不良品时要按规定做好标识，并及时向加工车间的质量管理人员汇报；其次对 MK1350×3000 型数控外圆磨床加工完毕的车轴质量采用专用量具（见表 2-9）按规定进行自检，合格后填写 $RE_{2B}$型轮轴加工、组装质量检查记录卡，并使其随车轴一起流入下工序——车轴专项检查（简称专检）。

**表 2-9　车轴轮座磨削加工自互检用量具**

| 量 具 名 称 | 检 查 项 点 |
| --- | --- |
| 轮座外径千分尺（200～225） | $\phi$210.2±0.05、$\phi$209.82$^{+0.04}_{0}$（内控） |
| 盒尺片 | $10_{-2}^{0}$ |
| 粗糙度比较样块 | 轴颈、防尘板座及两根部 $Ra$1.6 μm |
| 磁座百分表 | ↗ \| 0.05 \| $A$–$B$ |

## 2.1.3　工装的选用

为了满足各工序机床对 $RE_{2B}$型车轴的装夹要求，及保证车轴在工序中的正常流转和防止被磕伤或碰伤，需要设计并配置相应的工装。

1. $RE_{2B}$型车轴专用吊具（见图 2-11）：当悬挂在天车主钩上的车轴专用吊具移动至 $RE_{2B}$型车轴的中央部位时，操作者打开该吊具的撑杆后，天车起吊至目标位置即可完成车轴的吊运。为了杜绝车轴专用吊具的卡口与车轴轴身直接接触形成磕碰，在卡口 $R5$ 处施焊厚度为 $\delta=3\sim4$ mm 的铜保护层。除此之外，还要定期对车轴专用吊具的链环和销轴及各焊接处等部位进行探伤检查，以防止安全事故的发生。$RE_{2B}$型车轴专用吊具的技术要求：材料 45 号钢，全部倒角 1×45°，机加工后发蓝处理，表面探伤检查无裂纹并开具探伤合格证。

2. $RE_{2B}$型车轴轴颈专用保护套：《铁路货车轮轴组装检修及管理规则》（铁运〔2007〕98 号）中第五篇 3.8.3 条明确规定“轮轴、轮对在运输过程中一律安装轴颈专用保护套”。各工序的车轴加工完毕并被检查合格后，操作者须将两件轴颈专用保护套（见图 2-12）套在车轴的左右两端，以实现对车轴轴颈和防尘板座及两根部和轮座的磕碰防护。每件轴颈专用保护套的市场价约为 45～65 元，其技术要求为：采用橡胶材料，全部 $Ra$12.5 μm，未注倒角 1×45°。

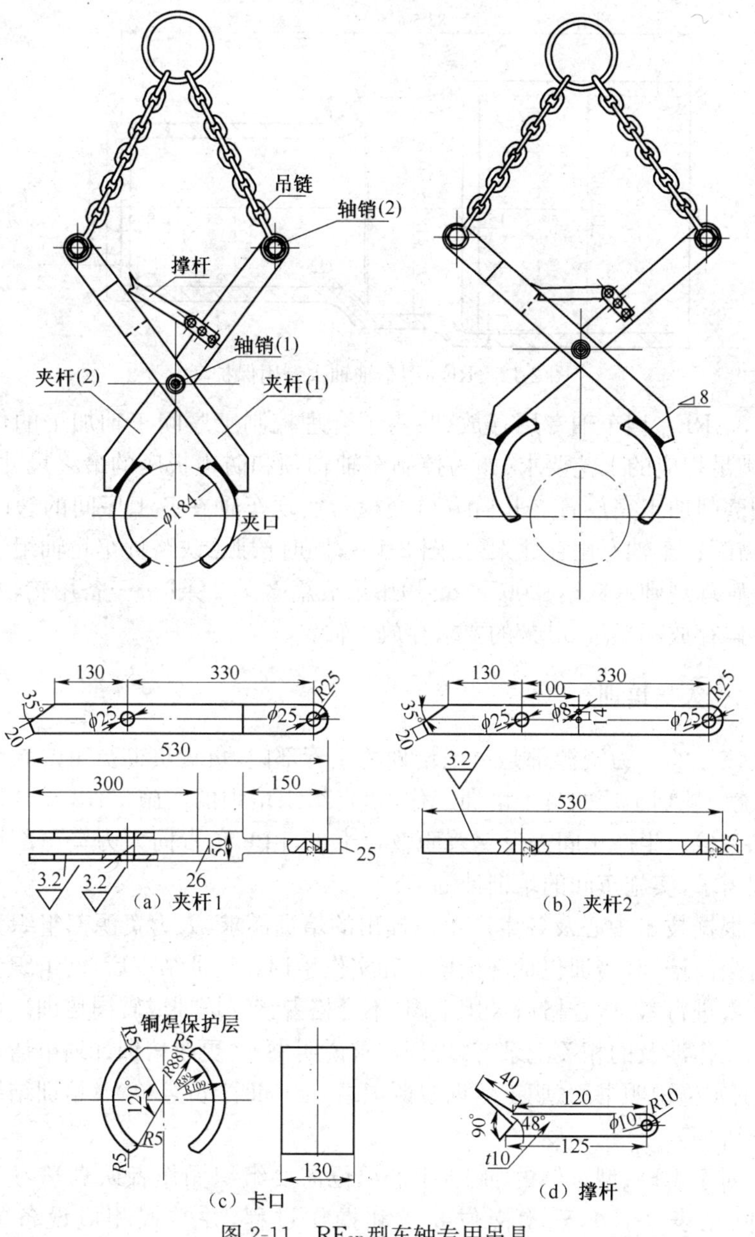


图 2-11 $RE_{2B}$型车轴专用吊具

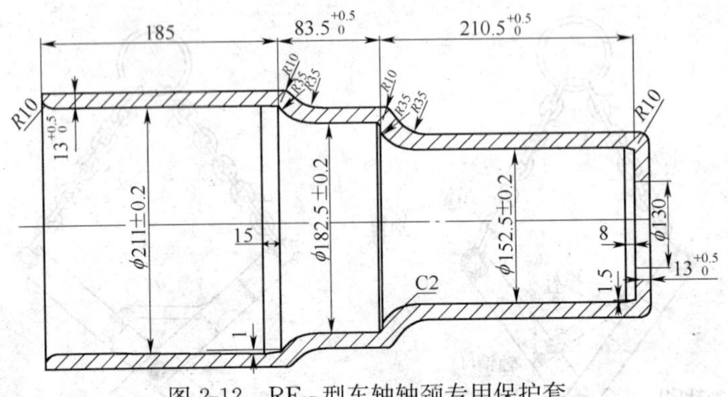


图 2-12　$RE_{2B}$型车轴轴颈专用保护套

3. $RE_{2B}$型车轴专用存放架：为了合理控制工序间车轴加工的保有量，满足相应的工艺要求（如为控制车轴轴颈和防尘板座的最终尺寸，待成型磨削加工完放置 2 h 后方可交检），实现车轴在各工序间的暂时存放，需配置车轴专用存放架（见图 2-13）；同时按照《铁路货车轮轴组装检修及管理规则》（铁运〔2007〕98 号）中第五篇 3.7.2 条“……备用轮轴、轮对堆码存放不超过 3 层”的要求存放车轴。

### 2.1.4　人员培训

该厂的人力资源部是员工培训的主管部门，负责贯彻员工的教育方针，统一规划工厂的员工培训工作，负责组织培训的实施工作，并进行检查和考核。生产车间需设立兼职教育干事，由其负责向人力资源部提出培训需求，实施车间的培训计划。

根据技术中心及各生产单位提出的培训需求，人力资源部组织员工进行岗前培训，培训包括理论培训和实作培训。培训结束后，需组织参加培训者进行考试，合格后录用上岗，不合格者继续培训或转岗培训。人员培训工作涉及的相关记录有《培训需求说明书》、《更改培训计划申请表》、《培训实施说明书》、《职工培训授课记录》、《培训学员名单》、《培训结果评价报告》等。

对于 $RE_{2B}$型车轴的加工，生产单位需要组织操作者认真学习工艺文件（见表 2-10），熟悉岗位要求和操作过程，并掌握相应设备的操作等。

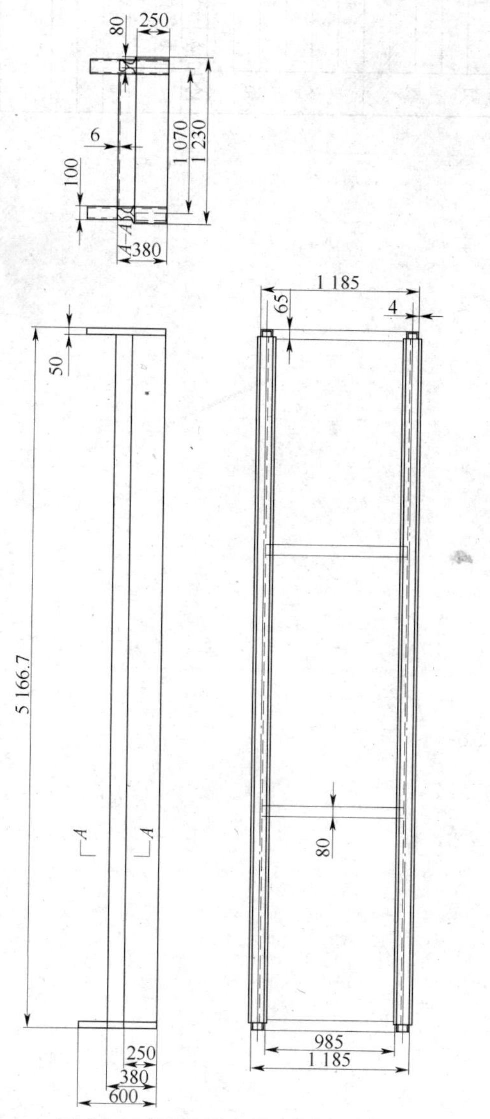


图 2-13　$RE_{2B}$型车轴专用存放架

表 2-10　$RE_{2B}$型车轴加工工艺卡片样表

| ××××公司 | 加工工序卡片 | 产品名称 | 零(部)件名称 | 图号 | 工序名称 | 工序号 | 文件编号 |
|---|---|---|---|---|---|---|---|
| | | 转 K6 型转向架 | $RE_{2B}$型车轴 | | | | |

| | | |
|---|---|---|
| 材料 | 名称牌号 | |
| | LZ50 | |
| | 规格 | |
| | | |
| | 硬度 | |
| | | |
| 设备 | 名称 | |
| | | |
| | 型号规格 | |
| | | |
| | | |
| | | |
| 冷却液 | | |
| 工装名称及编号 | | |
| | | |
| | | |
| | | |
| | | |
| | | |
| | | |
| 等级 | | |

| | | | | | | | | | | 编制 | | 校对 | | 第　页 |
|---|---|---|---|---|---|---|---|---|---|---|---|---|---|---|
| | | | | | | | | | | 会签 | | | | |
| | | | | | | | | | | | | | | 共　页 |
| 标记 | 处数 | 修改文件号 | 签字 | 日期 | 标记 | 处数 | 修改文件号 | 签字 | 日期 | 审核 | | 批准 | | |

### 2.1.5 相应管理制度的制定

管理制度是使公司或单位的各项工作走向正规的“规矩”。$RE_{2B}$型车轴的加工过程涉及了《在用设备管理制度》、《能源管理制度》、《消耗材料管理制度》、《产品质量追究考核办法》、《在用工装管理办法》、《工卡量具使用管理办法》和《安全生产管理办法》等一系列符合 2008 版 ISO 9001 质量管理体系要求的管理制度。

### 2.1.6 产品的首件鉴定及工艺评审

车轴加工按工序流程依次展开进行，当工序的第一件产品加工完毕后，由产品质量部门组织生产单位、工艺部门和设计部门进行首件鉴定，予以判断是否需要调整工艺参数，是否可以进行批量加工。首件鉴定合格，由质量部门出具《产品首件鉴定单》，报工厂质量总师签批后，呈送给用户——铁道部驻工厂车辆验收室许可。

按照规定，需要对工艺技术部门编制的《$RE_{2B}$型车轴加工工艺文件》进行工艺评审；评审采用工艺验证的方法，由编制单位组织，生产单位和质量部门参加。验证内容包括：工艺过程是否合理，选择的工艺参数是否合理，使用的设备和工艺装备及检测器具是否能够满足质量要求和生产效率，按此工艺生产出的产品是否合格。评审通过后填写《工艺文件评审记录》(见表 2-11)。

**表 2-11 工艺文件评审记录样表**

编号：　　　　　　　　　　　　　　　　　　年　月　日

<table>
<tr><td colspan="2">××××公司</td><td>文件名称</td><td colspan="2">$RE_{2B}$型车轴加工工艺文件</td><td>文件编号</td><td></td></tr>
<tr><td>验证内容</td><td colspan="6">a. 工艺过程是否合理；<br>b. 选择的工艺参数是否合理；<br>c. 使用的设备和工艺装备及检测器具是否能够满足质量要求和生产效率；<br>d. 按此工艺生产出的产品是否合格</td></tr>
<tr><td>结论</td><td colspan="6"></td></tr>
<tr><td rowspan="3">签字</td><td>编制单位</td><td></td><td>使用单位</td><td></td><td>质量保证部</td><td></td></tr>
<tr><td>工艺师</td><td></td><td>工艺师</td><td></td><td>工艺技术部</td><td></td></tr>
<tr><td>技术主管</td><td></td><td>技术主管</td><td></td><td></td><td></td></tr>
</table>

### 2.1.7 基于 AutoCAD 平台的方便数控编程软件的开发

当前,为提高轴截面变化处的抗疲劳能力和表面粗糙度及提高车轴的使用寿命,铁路货车车轴和冶金车轴的加工绝大多数采用数控车削和成型磨削的手段完成。

加工前,工艺人员会针对不同类型和尺寸的车轴进行计算机绘图,逐个计算基点坐标后,按照数控机床允许的指令代码手工编译出车轴的加工程序。此计算过程相当繁琐,基点坐标值的计算易出错且很难查出,耗费时间严重,工作效率被大大降低;同时错误的车轴加工程序不仅会导致废品产生,还会造成机床精度和性能的降低。另外,数控机床坐标系的建立方法不一,尤其是成型数控磨床砂轮坐标系的建立更是多样,如砂轮直进式成型数控磨床和砂轮 20°斜进式成型数控磨床等;这就要求工艺人员针对不同的数控设备,建立编程坐标系,编写相应的车轴加工程序,工作效率便相应降低。

工艺人员可以寻找铁路货车车轴和冶金车轴的共性和个性参数(如直径、长度、倒角、单双过渡圆弧),然后利用 AutoLISP 语言进行 AutoCAD 软件的二次开发,以实现 AutoCAD 平台下铁路货车车轴和冶金车轴的参数化设计。用户通过命令行输入车轴的主要参数后,计算机便自动生成零件图形和输出数控程序所需的基点坐标。

1. 数据统计:综合当前铁路货车车轴 $RD_2$、$RE_{2B}$型车轴和多种冶金车轴,大致可分为采用轴端压盖进行轴端防松的不带轴头和采用双螺母进行轴端防松的带轴头的两大类。铁路货车车轴 $RD_2$、$RE_{2B}$型车轴属于不带轴头类型,详细技术参数见表 2-12。冶金车轴多数属于不带轴头类型,详细技术参数见表 2-13;也有少数仍采用轴头结构进行轴端双螺母的防松,详细技术参数见表 2-14。

**表 2-12 铁路货车车轴 $RD_2$、$RE_{2B}$型车轴的技术参数**

| 部位明细 | | $RD_2$ 型 | $RE_{2B}$型 |
|---|---|---|---|
| 轴颈部位 | 直径 | $\phi130^{+0.052}_{+0.025}$ | $\phi150^{+0.068}_{+0.043}$ |
| | 长度 | $220^{+1}_{-0.5}$ | $210^{+1}_{-0.5}$ |
| | 圆弧半径数目 | $R25$、$r2$ 两圆弧 | $R40$、$r2$ 两圆弧 |
| | 倒角 | $1\times10^{0}_{-1}$ | 1×(5±1) |

续上表

| 部位明细 | | $RD_2$ 型 | $RE_{2B}$型 |
|---|---|---|---|
| 防尘板座部位 | 直径 | $\phi165^{+0.085}_{+0.058}$ | $\phi180^{+0.085}_{+0.058}$ |
| | 长度 | $53^{+1}_{0}$ | $83^{+1}_{0}$ |
| | 圆弧半径数目 | $R30$ 单圆弧 | $R30$ 单圆弧 |
| | 倒角 | 1×45° | 1×45° |
| 轮座部位 | 直径 | $\phi194^{+1}_{-2}$ | $\phi210^{+1}_{-2}$ |
| | 长度 | $185^{+1}_{0}$ | $181.5^{+3}_{0}$ |
| | 倒角 | $0.5\times12^{+4}_{0}$ | $0.5\times10^{0}_{-2}$ |
| 轴身部位 | 直径 | $\phi174^{+2}_{0}$ | $\phi184^{+2}_{0}$ |
| | 圆弧半径数目 | $R75$ 单圆弧 | $R75$、$r15$ 两圆弧 |
| 其他 | 轴全长 | $2\,146^{+1}_{0}$ | $2\,181^{+1}_{0}$ |

**表 2-13　不带轴头型冶金车轴的技术参数**

| 部位明细 | | 第一种 | 第二种 |
|---|---|---|---|
| 轴颈部位 | 直径 | $\phi140^{+0.052}_{+0.027}$ | $\phi157.239^{+0.025}_{0}$ |
| | 长度 | 147 | 226.5 |
| | 圆弧半径数目 | $R15$(两两相切)单圆弧 | $R38.1^{0}_{-1.6}$(相切相交)单圆弧 |
| | 倒角 | 1×10 | 1×7 |
| 防尘板座部位 | 直径 | $\phi180^{0}_{-0.25}$ | $\phi191.262^{+0.051}_{0}$ |
| | 长度 | 130 | 73.5 |
| | 圆弧半径数目 | $R40$(相切相交)单圆弧 | $R38.1^{0}_{-1.6}$(相切相交)单圆弧 |
| | 倒角 | 3×45° | 1×45° |
| 轮座部位 | 直径 | $\phi200^{+2}_{0}$ | $\phi222.3\pm0.1$ |
| | 长度 | 205 | 173 |
| | 倒角 | 0.5×7 | 0.5×5 |
| 轴身部位 | 直径 | $\phi190^{+2}_{0}$ | $\phi184^{+2}_{0}$ |
| | 圆弧半径数目 | $R60$(相切相交)单圆弧 | $R75$(相切相交)单圆弧 |
| 其他 | 轴全长 | 2 142±1 | $1\,892.5^{+1.5}_{0}$ |

表 2-14 带轴头型冶金车轴的技术参数

| 部位明细 | | 第一种 | 第二种 |
| --- | --- | --- | --- |
| 轴头部位 | 直径 | M115×2 | M160×3 |
| | 长度 | 43.5 | 62 |
| | 倒角 | 2×45° | 2×45° |
| 轴颈部位 | 直径 | $\phi120^{+0.035}_{+0.012}$ | $\phi170^{+0.04}_{+0.015}$ |
| | 长度 | 104 | 143 |
| | 圆弧半径数目 | $R$10(两两相切)单圆弧 | $R$15(相切相交)单圆弧 |
| | 倒角 | 2×45° | 2×45° |
| 防尘板座部位 | 直径 | $\phi160^{-0.06}_{-0.16}$ | $\phi200^{0}_{-0.29}$ |
| | 长度 | 116 | 114 |
| | 圆弧半径数目 | $R$40(相切相交)单圆弧 | $R$40(相切相交)单圆弧 |
| | 倒角 | 5×45° | 3×45° |
| 轮座部位 | 直径 | $\phi200^{+3}_{0}$ | $\phi220^{+3}_{0}$ |
| | 长度 | 210 | 230 |
| | 倒角 | 0.5×7 | 0.5×7 |
| 轴身部位 | 直径 | $\phi190^{+2}_{0}$ | $\phi190^{+2}_{0}$ |
| | 圆弧半径数目 | $R$60(相切相交)单圆弧 | $R$60(相切相交)单圆弧 |
| 其他 | 轴全长 | $2\,150^{+5}_{0}$ | $2\,162^{+3}_{0}$ |

2. 数据分析和廓型基点定义:根据表 2-12、表 2-13 和表 2-14,可得出铁路货车 $RD_2$、$RE_{2B}$型车轴和多种冶金车轴参数化设计所需的主要参数和相关的制约条件。

(1) 轴头部位直颈 $t_d$、长度 $t_l$、倒斜角 $jd_{01}$(径向)×$jd_{02}$(轴向),轴头部位廓型基点的定义如图 2-14 所示。

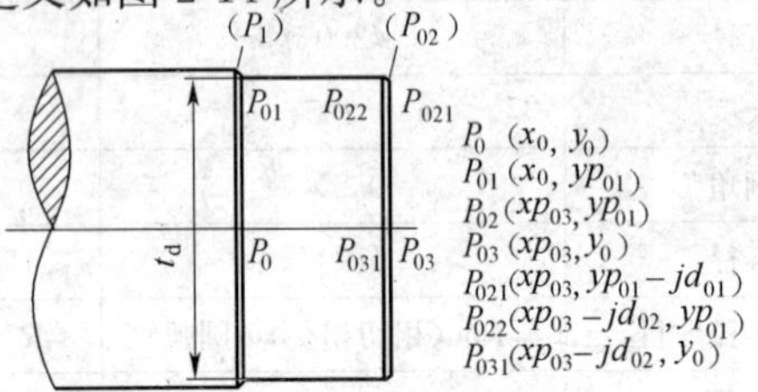

图 2-14 轴头部位廓型的基点定义

(2)铁路货车 $RD_2$、$RE_{2B}$ 型车轴和多种冶金车轴各部位直径和长度参数的定义及阶梯廓型基点的定义如图 2-15 所示。

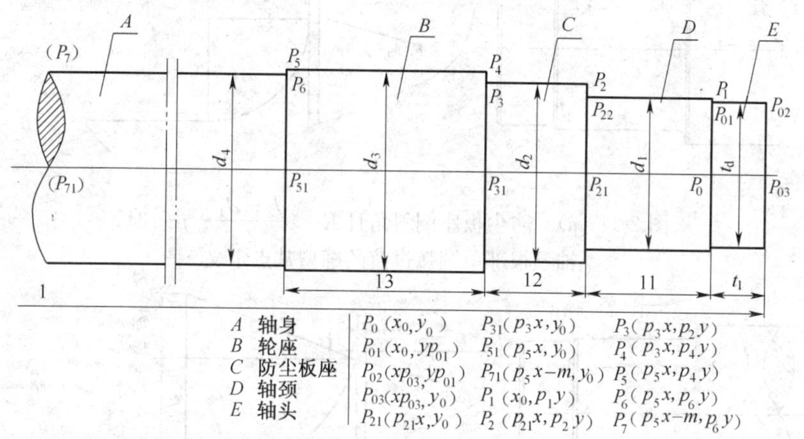

图 2-15　各部位直径、长度参数及阶梯廓型基点的定义

(3)轴颈部位直径 $d_1$、长度 $l_1$、倒斜角 $jd_{11}$(径向)$\times jd_{12}$(轴向)或倒圆角 $jr_1$、过渡圆弧数目为单圆弧或两圆弧、过渡圆弧半径 $R_1$ 及 $r$;轴颈部位倒斜角或倒圆角时廓型基点的定义如图 2-16 所示。注意:轴颈过渡圆弧的确定会受防尘板座倒斜角或倒圆角的影响。

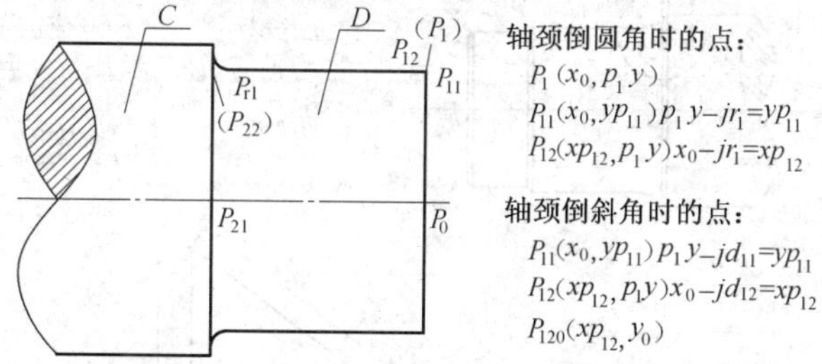

图 2-16　轴颈部位(引入部)倒斜角或倒圆角时廓型基点的定义

(4)防尘板座倒斜角 $jd_{21}$(径向)$\times jd_{22}$(轴向)时,轴颈根部的过渡圆弧可分为单圆弧和两圆弧两种情形,而轴颈根部单圆弧过渡又包含 $R_1<\dfrac{d_2-d_1}{2}-jd_{21}$ 条件下的两两相切和 $R_1<\dfrac{d_2-d_1}{2}-jd_{21}$ 条件下一侧相切另一侧相交这两种情况。相应的廓型基点的定义(含防尘板座倒斜角 $jd_{21}\times jd_{22}$ 形成的廓型基点)如图 2-17 所示。

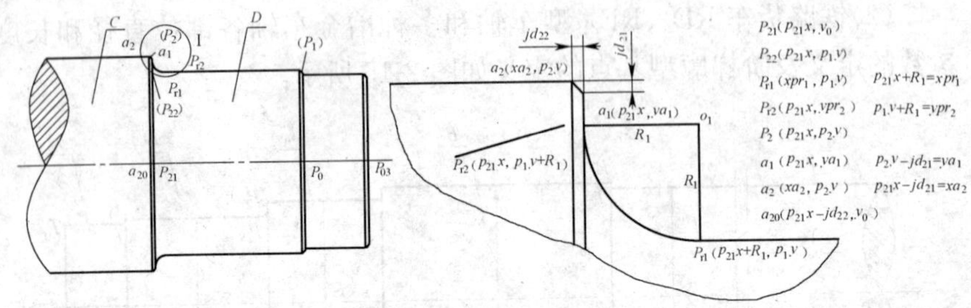

图 2-17（a） 防尘板座倒斜角且 $R_1 < \frac{d_2-d_1}{2} - jd_{21}$ 时，轴颈根部单圆弧过渡的廓型基点定义

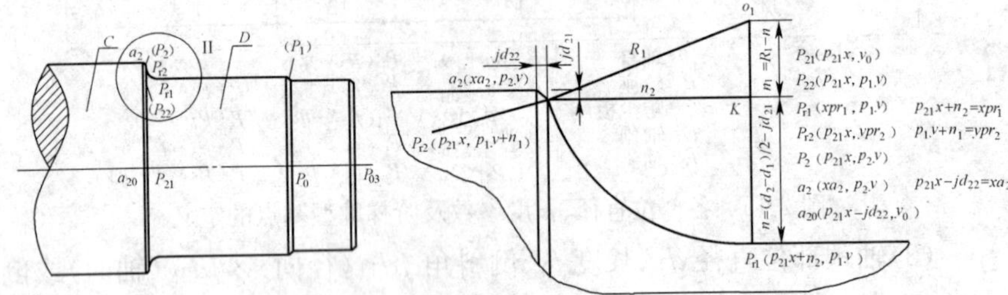

图 2-17（b） 防尘板座倒斜角且 $R_1 \geqslant \frac{d_2-d_1}{2} - jd_{21}$ 时，轴颈根部单圆弧过渡的廓型基点定义

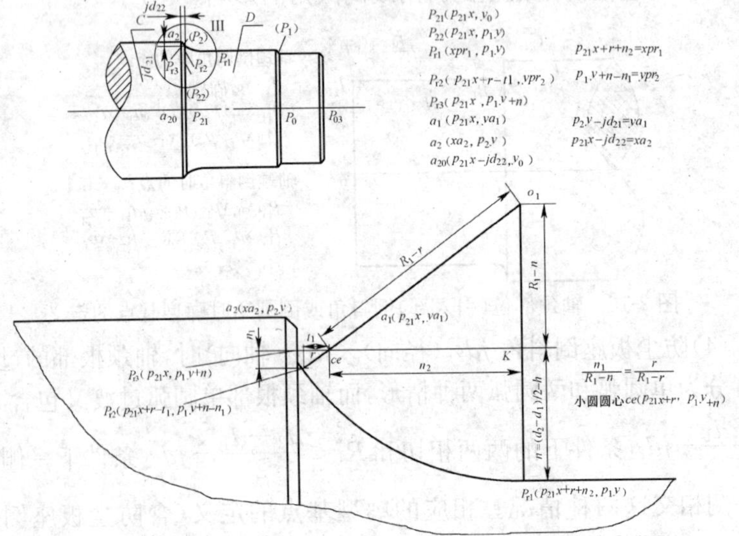

图 2-17（c） 防尘板座倒斜角时轴颈根部两圆弧过渡的廓型基点定义

防尘板座倒圆角 $jr_2$ 时轴颈根部过渡圆弧也可分为单圆弧和两圆弧两种情形，而轴颈根部单圆弧过渡又包含 $R_1<\dfrac{d_2-d_1}{2}-jr_2$ 条件下的两两相切和 $R_1\geqslant\dfrac{d_2-d_1}{2}-jr_2$ 条件下一侧相切另一侧相交两种情况。相应的廓型基点定义（含防尘板座倒圆角 $jr_2$ 形成的廓型基点）如图 2-18 所示。

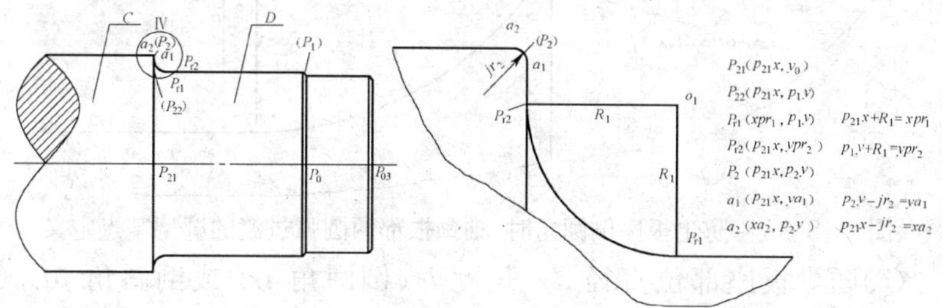


图 2-18 (a) 防尘板座倒圆角且 $R_1<\dfrac{d_2-d_1}{2}-jr_2$ 时，

轴颈根部单圆弧过渡的廓型基点定义

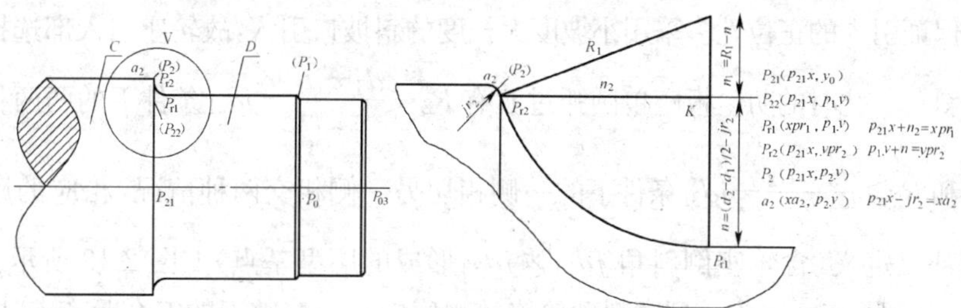


图 2-18 (b) 防尘板座倒圆角且 $R_1\geqslant\dfrac{d_2-d_1}{2}-jr_2$ 时，

轴颈根部单圆弧过渡的廓型基点定义

C　Ⅵ　D
$a_2$ ($P_2$) $a_1$ ($P_1$)
$P_{r3}$ $P_{r2}$ $P_{r1}$ ($P_{22}$)
$P_{21}$ $P_0$ $P_{03}$
$jr_2$

$P_{21}(p_{21}x, y_0)$

$P_{22}(P_{21}x, p_1.y)$

$P_{r1}(xpr_1, p_1.y)$　$p_{21}x+r+n_2=xpr_1$

$P_{r2}(P_{21}x+r-t_1, ypr_2)$　$p_1.y+n-n_1=ypr_2$

$P_{r3}(P_{21}x, p_1.y+n)$

$a_1(P_{21}x, ya_1)$　$p_2.y-jr_2=ya_1$

$a_2(xa_2, p_2.y)$　$p_{21}x-jr_2=xa_2$

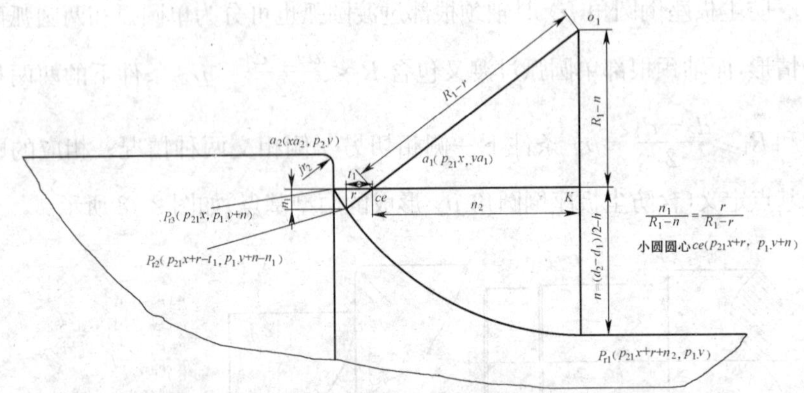

图 2-18（c） 防尘板座倒圆角时，轴颈根部两圆弧过渡的廓型基点定义

(5)防尘板座部位直径 $d_2$、长度 $l_2$、倒圆角 $jr_2$ 或倒斜角 $jd_{21}$（径向）$\times jd_{22}$（轴向），防尘板座根部过渡圆弧为单圆弧，其过渡圆弧半径 $R_2$，轮座部位直径 $d_3$、长度 $l_3$、倒斜角 $jd_{31}$（径向）$\times jd_{32}$（轴向）。

轮座部位一般用于安装车轮或特大型齿轮等与之过盈配合的旋转部件，为保证引入的正位性多采用小坡度大长度的斜坡口引入，故轮座引入部选择倒斜角。此时的防尘板座单圆弧过渡有 $R_2<\frac{d_3-d_2}{2}-jd_{31}$ 条件下的两两相切和 $R_2\geqslant\frac{d_3-d_2}{2}-jd_{31}$ 条件下的一侧相切另一侧相交两种情况，相应的廓型基点定义（含轮座倒斜角 $jd_{31}\times jd_{32}$ 形成的廓型基点）如图 2-19 所示。

说明：点 $pr_{51}$ 为成型磨削砂轮修整程序中指定修整刀的安全距离点，以防止砂轮在轴颈和防尘板座及两根部的成型磨削时与车轴轮座部位接触上；点 $pr_{52}$ 为成型磨削砂轮修整程序中指定修整刀的退刀点 50 mm。

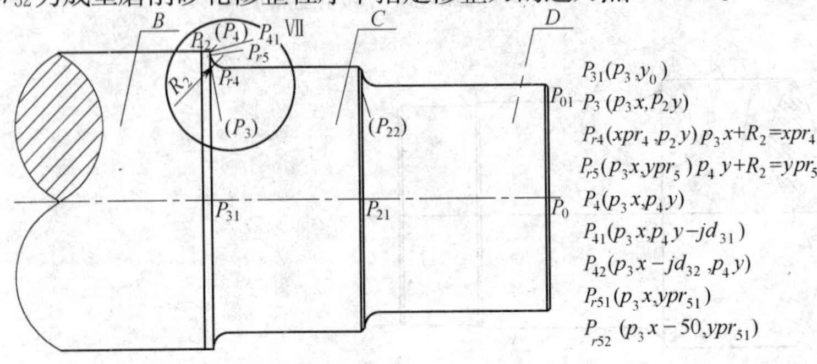

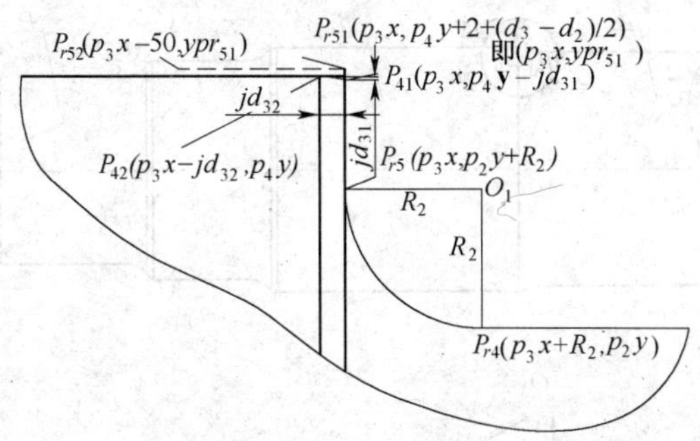


图 2-19（a） 轮座倒斜角且 $R_2<\dfrac{d_3-d_2}{2}-jd_{31}$时，防尘板座根部单圆弧过渡的廓型基点定义

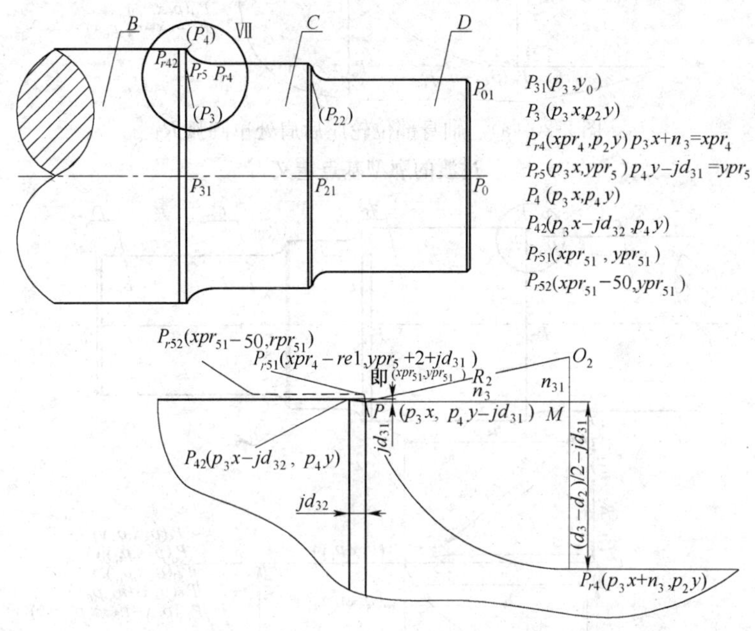


图 2-19（b） 轮座倒斜角且 $R_2\geqslant\dfrac{d_3-d_2}{2}-jd_{31}$时，防尘板座根部单圆弧过渡的廓型基点定义

(6)轴身部位直径 $d_4$、轴全长 $l$、轮座后肩处过渡圆弧分为单圆弧或两圆弧两种情形，过渡圆弧的半径分别用 $R_3$ 和 $r_1$ 表示；相应廓型基点的定义如图 2-20 所示。

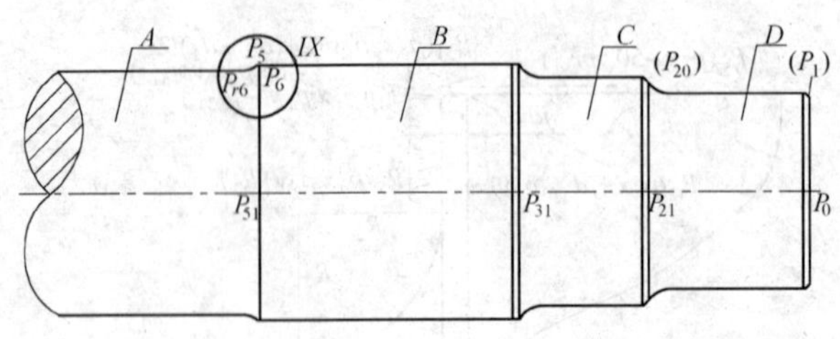


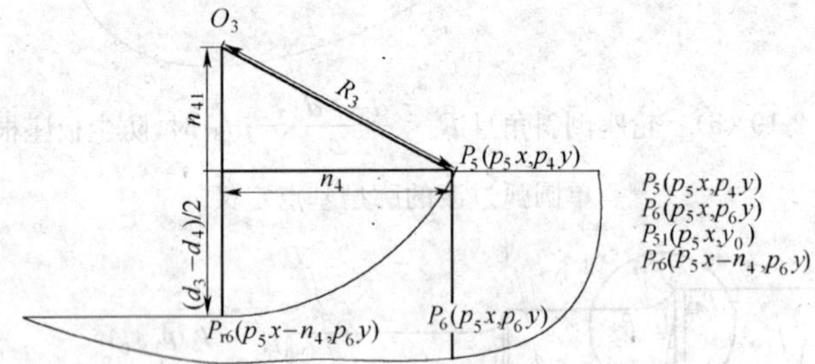


图 2-20（a） 轴身部位轮座后肩处单圆弧 $R_3$ 过渡的廓型基点定义

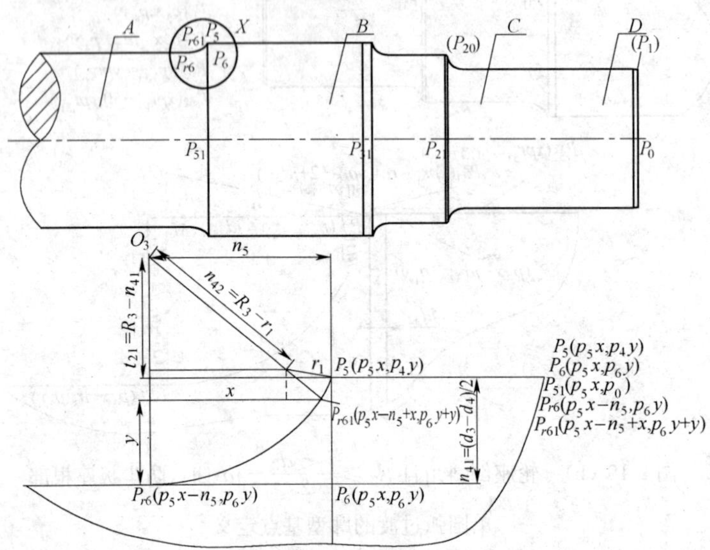


图 2-20（b） 轴身部位轮座后肩处两圆弧过渡（$R_3$ 和 $r_1$）的廓型基点定义

3. 编程流程图(见图 2-21)

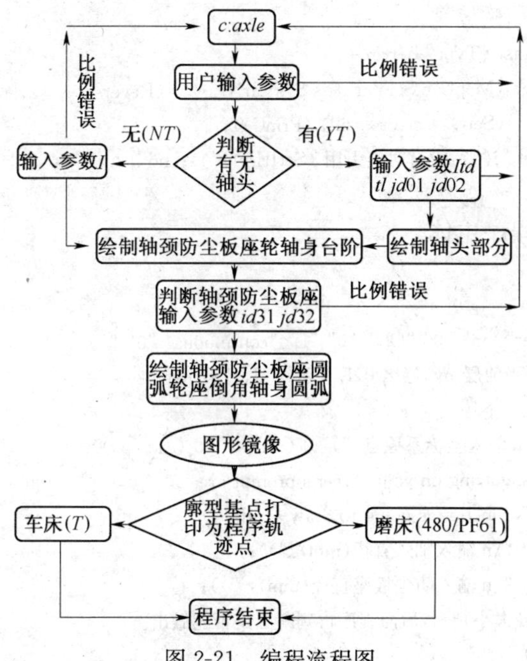


图 2-21　编程流程图

4. 程序代码的实现:按照图 2-21 所示的流程图,顺序编辑程序代码,并进行调试。

(1)编辑出错函数

```
(Defun-Q SetIErr (/ sv)
    (If (='LIST (Type *error*))
        (Alert "注意:(SetIErr)函数没有配对的(ReErr)!")
        (Progn (SetQ **svarl**'())
            (ForEach sv **SysVarNL**
                (SetQ **svarl** (Cons (GetVar sv) **svarl**)))
                (ForEach sv '("CMDECHO" "OSMODE" "ORTHOMODE")
        ;CMDECHO:控制 command 函数时提示和输入的反馈,0=提示符,非 0=对话框;
        ;OSMODE:当前目标捕捉方式;;ORTHOMODE:当前正交方式的状态;
                    (SetVar sv 0))
            (SetVar "EXPERT" 5)
                    (Defun-Q *error* (st) (ReErr)))));end if
);end defun-Q
```

```
(Defun-Q ReErr ()
      (If (='List (Type *error*))
         (Progn (MapCar 'SetVar **SysVarNL** (Reverse **svarl**))
                (SetQ *error* nil) (PrinC));
         (Alert "注意:没有对应引用(SetIErr)!"));end if
);end defun-Q
```

(2)编辑程序主体

```
(defun c:axle()
  (setIErr)
  (command "layer" "m" "0" "ON" "0" "L" "continuous" "0" "")
        ;设置新当前层 m,层名 0,L 表示线型,""表示结束
  (setq p0
    (getpoint "\n 输入坐标系原点:") x0 (car p0) y0 (cadr p0))
  ;;;;; Displays a string on your screen's prompt area
  (prompt "\nThis function is going to draw a axle!")
  (setq d1 (getdist "\n 输入轴颈直径(mm):"));
  (setq d2 (getdist "\n 输入防尘板座直径(mm):"));
  ;先初步引入直径大小判断,后面程序再判断圆是否能做出。
  (if (<= d2 d1)
   (Progn
    (alert "防尘板座直径过小,设计不能完成!")
        (abcdefg));end progn
  );end if
  (setq d3 (getdist "\n 输入轮座直径(mm):"));
  ;先初步引入直径大小判断,
  (if (<= d3 d2)
    (progn
   (alert "轮座直径过小,设计不能完成!")
       (abcdefg));end progn
  );end if
  (setq d4 (getdist "\n 输入轴身直径(mm):"));
  ;先初步引入直径大小判断,
  (if (>= d4 d3)
    (progn
   (alert "轴身直径过大,设计不能完成!")
       (abcdefg));end progn
  );end if
```

```
(setq R1 (getdist "\n 输入轴颈圆弧半径(mm):"))
(setq l1 (getdist "\n 输入轴颈长(mm):"));
(if (<= l1 R1)
  (progn
    (alert "轴颈长过小,设计不能完成!")
    (abcdefg) );end progn
  );end if
(setq R2 (getdist "\n 输入防尘板座圆弧半径(mm):"))
(setq l2 (getdist "\n 输入防尘板座长(mm):"));
(if (<= l2 R2)
  (progn
    (alert "防尘板座长过小,设计不能完成!")
    (abcdefg) );end progn
  );end if
(setq l3 (getdist "\n 输入轮座长(mm):"));
(setq R3 (getdist "\n 输入轴身圆弧半径(mm):"))
(if (<= R3 (/ (- d3 d4)2))
  (progn
    (alert "轴身圆弧过小,设计不能完成!")
    (abcdefg) );end progn
);end if
;;;;绘制轴头一段
(setq z1 nil)
(Initget 7 "YT NT")
(setq z1 (getkword "\n 判断有无轴头,有(YT)/无(NT): "))
(cond
     ((= z1 "NT");若不带轴头,提示用户继续。
     (alert "此轴无轴头,请继续!")
     (setq l (getdist "\n 输入轴全长(mm):"));
        ;判断全长尺寸是否大于 2 倍的(轴颈长+防尘板座长+轮座长+轴身圆弧半径 R3)
        (if (<= (/ l 2) (+ l1 l2 l3 R3))
        ..........................

        ..........................
;;;;绘制轴颈一段—————————
(setq p1 (list x0 (+ y0 (/ d1 2)))
    p1y (cadr p1))
(setq p21 (list (- x0 l1) y0)
```

```
    p21x (car p21))
  (setq p2 (list p21x (+ y0 (/ d2 2)))
    p2y (cadr p2))
  (setq p22 (list p21x p1y))
  (command "line" p0 p1"")
  (setq ob12 (entlast))
  ;;remark:
  ;;考虑到后续绘制完轴颈圆弧后,p2p21、p1p22直线还需进行修剪,故此时暂不划出该直线,
待绘制完轴颈圆弧后再绘制直线pr1p1,可避免使用修剪函数。
    ;;;;绘制防尘板座一段---------------
  (setq p3 (list (- p21x l2) p2y)
    p3x (car p3))
  (setq p31 (list p3x y0))
  ;;remark:
  ;;考虑到后续绘制完防尘板座圆弧后,p3p2直线还需进行修剪,故此时暂不划出该直线,待绘
制完防尘板座圆弧后再绘制直线pr4p2,可避免使用修剪函数。
  ;;;;绘制轮座一段---------------
  (setq p4   (list p3x (+ y0 (/ d3 2)))
        p4y (cadr p4))
  (setq p5 (list (- p3x l3) p4y)
        p5x (car p5))
  (setq p51 (list p5x y0))
  (command "line" p51 p5"")
  (setq ob31 (entlast))
  ;;;;绘制轴身一段---------------
  (setq p6   (list p5x (+ y0 (/ d4 2)))
        p6y (cadr p6))
  (cond
    ((= z1 "NT")
        (setq m (- (/ l 2) (+ l1 l2 l3) ) ));end z1="NT"
    ((= z1 "YT")
        (setq m (- (/ l 2) (+ l1 l2 l3 tl) ) ));end z1="YT"
  );end cond
  (setq p7 (list (- p5x m) p6y))
  (setq p71 (list (- p5x m) y0))
  ;;remark:
  ;;考虑到后续绘制完轴身圆弧后,p6p7直线还需进行修剪,故此时暂不划出该直线,待绘制完
```

防尘板座圆弧后再绘制直线 pr6p7，可避免使用修剪函数。

```
;;引入轴颈倒斜角或圆角数据———
(setq z2 nil)
(Initget 7 "YJF XJF")
(setq z2 (getkword "\n 轴颈倒圆角(YJF) /倒斜角(XJF): "))
;;多分支条件判断斜角/圆角;cond1
(cond
        ((= z2 "YJF")
                (setq jr1 (getdist "\n 输入轴颈倒圆角半径(mm):"))
;判断轴颈倒圆角的大小。;cond2 引入有无轴头的判断
            (cond
              ((= z 1 "NT")
                        (if (or (>= jr1 (- l1 R1)) (>= jr1 (/ d1 2)))
                          (progn
                           (alert "轴颈倒圆角过大,设计不能继续!")
                              (abcdefg));end progn
                        ));end z1="NT"
          ((= z1 "YT ")
                          (if (>= ( * jr1 2) (- d1 td))
                            (progn
                             (alert "轴颈倒圆角过大,设计不能继续!")
                                (abcdefg));end progn
                          );end if);end z1="YT"
          );end cond2 轴头的判断
);end z2="YJF"
    ((=z2 "XJF")
        (setq jd11 (getdist "\n 输入轴颈倒斜角第一点距离(mm):"))
;判断轴颈倒斜角的大小。;cond2 引入有无轴头的判断
          (cond
            ((= z 1 "NT")
                      (if (>= jd11 (/ d1 2))
                        (progn
                            (alert "轴颈倒斜角过大,设计不能继续!")
          ........................
          ........................
);end z3="YJS"
          ((= z3 "XJS")
```

```
        (command "chamfer" "d" jd21 jd22 "chamfer" ob11 ob172 )
            ;注:图元的前后顺序将影响倒斜角的情况
            (setq f2 (entlast))
            (setq a2 (list (- p21x jd22) p2y);防尘板座倒斜角后的终点
                  xa2 (car a2)
          a1 (list p2 1x (- p2y jd21));防尘板座倒斜角后的起点
                 ya1 (cadr a1)
          a 20 (list (- p21x jd22) y0));中心线上的一点
            (command "line" a2 a20 "")
            (setq f22 (entlast)));end z3="XJS"
      );end cond1
   );end zy="two"
  );end cond1
  ;;绘制轴身圆弧————————
;思路:1)一圆弧与轴身相切、另一圆弧与轮座相交;;2)一圆弧与轴身相切、与轮座相交;
 (setq k nil)
 (Initget 7 "single double")
 (setq k (getkword "\n 选择轴身过渡圆弧数目(single)/(double): "))
 ;;多分支条件判断轴身过渡圆弧数目
 (cond
    ((= k "single")
     (setq n41 (- R3 (/ (- d3 d4) 2)))
     (setq n4 (sqrt (- ( * R3 R3) ( * n41 n41))))
     (setq pr6 (list (- p5x n4) p6y))
     (command "arc" pr6 "e" p5 "r" R3)
     (setq ob18 (entlast))
     (command "line" pr6 p7 "")
     (setq ob41 (entlast)) );end k="single"
    ((= k "double")
     (setq r1 (getdist "\n 请输入轴身过渡小圆弧半径(mm):"))
     (if (>= r1 (/ R3 3))
       (progn
         (alert "轴身过渡小圆弧半径过大,设计不能完成!")
         (abcdefg));end progn
  );end if
   (setq n5 (getdist "\n 输入轴身圆弧的圆心相对于轮座末端的水平距离(mm):"))
   (setq n41 (/ (- d3 d4) 2))
```

```
    (setq n42 (- R3 r1))
    (setq t21 (- R3 n41))
(setq t22 (-(+ (* n5 n5)(* R3 R3) (* n42 n42)(* n41 n41))(+ (* r1 r1) (* 2 n41
R3))))
    (setq a (/ (* (+ (* n5 n5) (* t21 t21)) 64) 25) )
    (setq b (* n5 t22 3.2))
    (setq c (- (* t22 t22) (* 4 n42 n42 t21 t21)))
    (setq x (/ (- b (sqrt(- (* b b) (* 4 a c)))) (* 2 a)))
    (setq t31 (sqrt(- (* n42 n42) (* x x 0.64))))
    (setq t32 (sqrt(- (* r1 r1) (* x x 0.04))))
    (setq y (- R3 (+ t31 t32)))
    (setq pr6 (list (- p5x n5) p6y))
    (setq pr61 (list (+ (- p5x n5) x) (+ p6y y)))
    (command "arc" pr6 "e" pr61 "r" R3)
    (setq ob18 (entlast))
    (command "arc" pr61 "e" p5 "r" r1)
    (setq ob19 (entlast))
    (command "line" pr6 p7 "")
    (setq ob41 (entlast)));end k="double"
);end cond
  ;;;;绘制轴中心线--------------
  (command "layer" "m" "2" "ON" "2" "c" "red" "2" "L" "center" "2" "");
        ;设置新当前层 m ,层名 2,L 表示线型,""表示结束;中心线层
  ;轴头部分的中心线
  (cond
    ((= zl "YT")
        (setq zhong (list (+ xp03 8) y0))
        (command "line" zhong p71 "");
        (setq center1 (entlast))
        (command "mirror" center1 "" p7 p71"n") );end zl="YT"
    ((= zl "NT")
        (setq zhong (list (+ x0 8) y0))
        (command "line" zhong p71 "");
        (setq center1 (entlast))
        (command "mirror" center1 "" p7 p71"n") );end zl="NT"
  );end cond 轴头部分的中心线
  ;;;;;;;;;镜 像--------------
```

```
;集中使用 mirror 命令,需对系统图元变量置 0;故对图元单独镜像。
;;;;  caution:不能使用 if 函数进行两个及以上镜像命令。
;轴头部分的镜像;cond1
(cond
   ((= z1 "YT")
          ..........................
          ..........................
;;;;将轨迹点转化为加工程序所需点;在命令行依次显示程序段中点的座标。
;;;;;注意:x 轴坐标要直径编程;y 坐标为程序的 x 坐标,x 坐标为程序的 z 坐标。
(setq k1 nil)
(Initget 7 "T MG PG N")
(setq k1 (getkword "\n 选择加工手段--车削(T)/西蒙斯磨床磨削(MG)/肖特磨床磨削(PG)/不选择(N): "))
;cond1  .
(cond
  ((= k1 "T")
      ;车床<T>
      ;cond2
      (cond
      ((= z1 "NT")
;以轴中心线为 X 轴,左端面为 Z 轴建立工件坐标系 Z 轴远离 P0 点向右为正,X 轴远离操作者方向为正 P0 为工件坐标系原点,既编程原点
(alert "自轴左端开始依次显示轨迹点坐标(x,z),x 轴采用直径编程! 轴颈倒角起点、倒角终点、轴颈圆弧起点、圆弧终点、防尘板座倒角起点、倒角终点、防尘板座圆弧起点、防尘板座圆弧终点、轮座斜角终点及轮座终点!")
          (command "circle" p0 3);表示工件坐标系原点
          (setq p00 (list x0 (+ p1y 20)))
          (setq p000 (list (+ x0 45) y0))
       (command "pline" p00 p0 p000 "")
    (princ (list ( * (- yp11 y0) 2) 0));程序中轴颈倒斜角/圆角起点 p11
     (princ (list ( * (- p1y y0) 2) (- xp12 x0)));程序中轴颈倒斜角/圆角终点 p12
     (princ (list ( * (- p1y y0) 2) (- xpr1 x0)));程序中轴颈过渡圆弧起点 pr1
          (princ (list ( * (- ypr2 y0) 2) (- xpr2 x0)));程序中轴颈过渡圆弧终点/r 圆弧起点/防尘板座倒角后的起点 pr2
     (cond;cond3
          ((= zy "one")
          (cond;cond2
```

```
((= z3 "YJS")
 (cond;cond1
  ((< R1 (- (/ (- d2 d1) 2) jr2))
(princ (list ( * (- (- p2y jr2) y0) 2) (- p21x x0)));程序中防尘板座倒斜角/圆角起点 a1
  );end 1
  ((>= R1 (- (/ (- d2 d1) 2) jr2))
(alert "轴颈过渡圆弧终点 pr2 与防尘板座倒斜角/圆角起点 a1 相同,只打印 Pr2 点!")
  );end 2
 );end cond1
);end z3="YJS"
((= z3 "XJS")
 (cond ;cond1
  ((< R1 (- (/ (- d2 d1) 2) jd21))
(princ (list ( * (- (- p2y jd21) y0) 2) (- p21x x0)));程序中防尘板座倒斜角/圆角起点 a1
  );end 1
  ((>= R1 (- (/ (- d2 d1) 2) jd21))
(alert "轴颈过渡圆弧终点 pr2 与防尘板座倒斜角/圆角起点 a1 相同,只打印 Pr2 点!")
  );end 2
 );end cond 1
);end z3="XJS"
 );end cond 2
);end zy="one"
((= zy "two")
(alert "在轴颈过渡圆弧终点后插入轴颈过渡小圆弧终点坐标!")
(princ (list ( * (- (+ p1y n) y0) 2) (- p21x x0)));程序中轴颈过渡 r 圆弧终点 pr3
(princ (list ( * (- ya1 y0) 2) (- p21x x0))) ;程序中防尘板座倒斜角/圆角起点 a1
);end zy="two"
);end cond
;;;;if 函数能打印 4 个点的坐标,改用 cond 函数
(princ (list ( * (- p2y y0) 2) (- xa2 x0)));程序中防尘板座倒斜角/圆角终点 a2
(princ (list ( * (- p2y y0) 2) (- xpr4 x0)));程序中防尘板座过渡圆弧起点 pr4
(princ (list ( * (- ypr5 y0) 2) (- p3x x0)));程序中防尘板座过渡圆弧终点 pr5
;;;;用 if 函数只能打印 8 个点的坐标,故改用 cond 函数
(cond
 ((<=R2 (- (/ (- d3 d2) 2) jd31));两两相切
  (alert "防尘板座过渡圆弧终点 pr5 与轮座斜角起点 p41 为两个点!")
(princ (list ( * (- (- p4y jd31) y0) 2) (- p3x x0)));程序中轮座倒斜角起点 p41
```

```
        );end 1
      ((> R 2 (- (/ (- d3 d2) 2) jd31));一边相切一边相交
            (alert "防尘板座过渡圆弧终点 pr5 与轮座斜角起点 p41 为一个点!")
      );end 2
    );end cond
  (princ (list ( * (- p4y y0) 2) (- (- p3x jd32) x0)));程序中轮座倒斜角终点 p42
 (princ (list ( * (- p4y y0) 2) (- (- p5x 10) x0))) ;程序中轮座终点 p5 引出 10mm
 );end z1="NT"
  ((= z1 "YT")
```

;以轴中心线为 X 轴,左端面为 Z 轴建立工件坐标系;Z 轴远离 P03 点向右为正,X 轴远离操作者方向为正,P03 为工件坐标系原点,既编程原点。

(alert "自轴左端开始依次显示轨迹点坐标(x、z),x 轴采用直径编程! 轴头倒角起点、倒角终点、轴头长终点、轴颈倒角起点、倒角终点、轴颈圆弧起点、圆弧终点、防尘板座倒角起点、倒角终点、防尘板座圆弧起点、圆弧终点、轮座斜角终点及轮座终点!")

```
    (command "circle" p03 3);表示工件原点
        (setq p00 (list xp03 (+ p1y 20)))
          (setq p000 (list (+ xp03 45) y0))
    (command "pline" p00 p03 p000 "")
  (princ (list ( * (- (- yp01 jd01) y0) 2)0));程序中轴头倒斜角起点 p021
      (princ (list ( * (- yp01 y0) 2)(- 0 jd02)));程序中轴头倒斜角终点 p022
      (princ (list ( * (- yp01 y0) 2) (- x0 xp03)));程序中轴头长终点 p01
  (princ (list ( * (- yp11 y0) 2) (- x0 xp03)));程序中轴颈倒斜角/圆角起点 p11
  (princ (list ( * (- p1y y0) 2) (- xp12 xp03)));程序中轴颈倒斜角/圆角终点 p12
  (princ (list ( * (- p1y y0) 2) (- xpr1 xp03)));程序中轴颈过渡圆弧起点 pr1
  (princ (list ( * (- ypr2 y0) 2) (- xpr2 xp03)));程序中轴颈过渡圆弧终点/r 圆弧起点/防尘板座倒角后的起点 pr2
        (cond;cond3
        ((= zy "one")
        (cond;cond2
          ((= z3 "YJS")
          (cond;cond1
            ((< R1 (- (/ (- d2 d1) 2) jr2))
(princ (list ( * (- (- p2y jd21) y0)2)(- p21x xp03)));程序中防尘板座倒斜角/圆角起点 a1
            );end 1
            ((>= R1 (- (/ (- d2 d1) 2) jr2))
  (alert "轴颈过渡圆弧终点 pr2 与防尘板座倒斜角/圆角起点 a1 相同,只打印 Pr2 点!")
            );end 2
```

```
            );end cond1
          );end z3="YJS"
           ((= z3 "XJS")
            (cond ;cond1
             ((< R1 (- (/ (- d2 d1) 2) jd21))
(princ (list ( * (- (- p2y jd21) y0)2)(- p21x xp03)));程序中防尘板座倒斜角/圆角起点 a1
             );end 1
             ((>= R1 (- (/ (- d2 d1) 2) jd21))
   (alert "轴颈过渡圆弧终点 pr2 与防尘板座倒斜角/圆角起点 a1 相同,只打印 Pr2 点!")
               );end 2
             );end cond 1
          );end z3="XJS"
           );end cond 2
         );end zy="one"
         ((= zy "two")
         (alert "在轴颈过渡圆弧终点后插入轴颈过渡小圆弧终点坐标!")
(princ (list ( * (- (+ p1y n) y0) 2) (- p21x xp03)));程序中轴颈过渡 r 圆弧终点 pr3
(princ (list ( * (- ya1 y0) 2) (- p21x xp03))) ;程序中防尘板座倒斜角/圆角起点 a1
         );end zy="two"
       );end cond
  (princ (list ( * (- p2y y0) 2) (- xa2 xp03)));程序中防尘板座倒斜角/圆角终点 a2
  (princ (list ( * (- p2y y0) 2) (- xpr4 xp03)));程序中防尘板座过渡圆弧起点 pr4
     (princ (list ( * (- ypr5 y0) 2) (- p3x xp03)));程序中防尘板座过渡圆弧终点 pr5
         ;;;;用 if 函数只能打印 8 个点的坐标,故改用 cond 函数
     (cond
       ((<=R2 (- (/ (- d3 d2) 2) jd31));两两相切
            (alert "防尘板座过渡圆弧终点 pr5 与轮座斜角起点 p41 为两个点!")
  (princ (list ( * (- (- p4y jd31) y0) 2) (- p3x xp03)));程序中轮座倒斜角起点 p41
          );end 1
       ((> R2 (- (/ (- d3 d2) 2) jd31));一边相切一边相交
          (alert "防尘板座过渡圆弧终点 pr5 与轮座斜角起点 p41 为一个点!")
          );end 2
           );end cond
  (princ (list ( * (- p4y y0) 2) (- (- p3x jd32) xp03)));程序中轮座倒斜角终点 p42
  (princ (list ( * (- p4y y0) 2) (- (- p5x 10) xp03)));程序中轮座终点 p5 引出 10 mm
   );end z1="YT"
   );end cond2
```

```
);end k1="T"
((= k1 "MG")
    ;西蒙斯 480 磨床<MG>
    ;以轴颈表面为 Z 轴,立面所在的边为 X 轴建立工件坐标系;Z 轴正方向指向 P0 点,X 轴正方向指向 p2 点;P22(P21X P1Y)为工件坐标系原点,既编程原点。
(alert "自轴左端开始依次显示程序对应轨迹点的坐标(x、z),
; x 轴采用直径编程! 坐标值依次是轴颈引入点(30 mm)、轴颈圆弧起点、轴颈圆弧终点、轴颈小圆弧终点(two)、防尘板座倒角起点和终点、防尘板座圆弧起点、防尘板座圆弧终点(退出 2 mm)!")
  ;修整顺序:轴颈、轴颈圆弧、防尘板座、防尘板座圆弧
        (command "circle" p22 3);表示工件坐标系原点
        ;;;有无轴头对轴颈磨削没有影响,且轴头不磨削。
        (princ (list 0 (- p21x (+ x0 30))));程序中轴颈起点 p1 引入距离 30 mm
        (princ (list 0 (- p21x xpr1)));程序中轴颈圆弧起点 pr1
        (princ (list ( * (- p1y ypr2) 2) (- p21x xpr2)));程序中轴颈过渡圆弧终点/r 圆弧起点/防尘板座倒角后的起点 pr2
        (cond ;cond3
            ((= zy "one")
           (cond;cond2
              ((= z3 "YJS")
               (cond;cond1
                  ((< R1 (- (/ (- d2 d1) 2) jr2))
     (princ (list ( * (- p1y (- p2y jd21)) 2) 0));程序中防尘板座倒斜角/圆角起点 a1
                  );end 1
                  ((>= R1 (- (/ (- d2 d1) 2) jr2))
          (alert "轴颈过渡圆弧终点 pr2 与防尘板座倒斜角/圆角起点 a1 相同,只打印 Pr2 点!")
                  );end 2
              );end cond1
           );end z3="YJS"
              ((= z3 "XJS")
                (cond ;cond1
                  ((< R1 (- (/ (- d2 d1) 2) jd21))
  (princ (list ( * (- p1y (- p2y jd21)) 2) 0));程序中防尘板座倒斜角/圆角起点 a1
                  );end 1
                  ((>= R1 (- (/ (- d2 d1) 2) jd21))
          (alert "轴颈过渡圆弧终点 pr2 与防尘板座倒斜角/圆角起点 a1 相同,只打印
```

```
Pr2 点!")
                    );end 2
                    );end cond 1
                );end z3="XJS"
                  );end cond 2
            );end zy="one"
            ((= zy "two")
            (alert "在轴颈过渡圆弧终点后插入轴颈过渡小圆弧终点坐标!")
            (princ (list ( * (- p1y (+ p1y n) ) 2) 0));程序中轴颈过渡 r 圆弧终点 pr3
            (princ (list ( * (- p1y ya1) 2) 0)) ;程序中防尘板座倒斜角/圆角起点 a1
            );end zy="two"
        );end cond
    (princ (list ( * (- p1y p2y) 2) (- p21x xa2)));程序中防尘板座倒斜角/圆角终点 a2
    (princ (list ( * (- p1y p2y) 2) (- p21x xpr4)));程序中防尘板座过渡圆弧起点 pr4
      (princ (list ( * (- p1y ypr5) 2) (- p21x p3x)));程序中防尘板座过渡圆弧终点 pr5
        (princ (list ( * (- p1y ypr51) 2) (- p21x xpr51)));程序中高于 pr5 点 2～3mm 的
安全点 pr51,指定砂轮的安全距离
        ;;;;用 if 函数只能打印 8 个点的坐标,故改用 cond 函数
        (princ (list ( * (- p1y ypr51) 2) (- p21x xpr52)));退刀点
  );end k1="MG"
    ((= k 1 "PG")
            ;肖特 PF61-S3000 磨床(PG)
 (alert "自轴左端开始依次显示程序对应轨迹点的坐标(x、z),x 轴采用直径编程! 选择轴颈、
防尘板座及圆弧的加工轨迹!");修整顺序:防尘板座圆弧、防尘板座、轴颈圆弧、轴颈
    (cond
    ((> R2 (- (/ (- d3 d2) 2) jd31));一边相切一边相交
            (setq cord (list (- p3x 10.528) ypr5)
                xcord (car cord) ycord (cadr cord));工件坐标系原点;以防尘板座过渡圆弧终
点 pr5 点为基础的向左 10.528 mm 确定的点
    );end 两两相切
     ((<= R2 (- (/ (- d3 d2) 2) jd31));两两相切
        (setq cord (list (- p3x 10.528) (- p4y jd31))
            xcord (car cord) ycord (cadr cord));工件坐标系原点;以轮座斜角起点 p41 为基
础的向左 10.528 mm 确定的一个点
    );end 一边相切一边相交
    );end  cond
        (command "circle" cord 3);工件坐标系原点
```

```
        (princ (list ( * (- 0.75) 2) 0));引入安全距离
        (princ (list 0 -10.528));程序中防尘板座过渡圆弧终点 pr5
  (princ (list ( * (- ycord p2y) 2) (- xcord xpr4)));程序中防尘板座过渡圆弧起点 pr4
  (princ (list ( * (- ycord p2y) 2) (- xcord xa2))) ;程序中防尘板座倒斜角/圆角终点 a2
        (cond ;cond3
            ((= zy "one")
            (cond;cond2
              ((= z3 "YJS")
                (cond;cond1
                  ((< R1 (-(/ (- d2 d1) 2) jr2))
  (princ (list ( * (- ycord (- p2y jd21))2)(-xcord p21x)));防尘板座倒斜角/圆角起点 a1
                    );end 1
                  ((>= R1 (- (/ (- d2 d1) 2) jr2))
    (alert "轴颈过渡圆弧终点 pr2 与防尘板座倒斜角/圆角起点 a1 相同,只打印 Pr2 点!")
                    );end 2
                  );end cond1
              );end z3="YJS"
              ((= z3 "XJS")
                (cond ;cond1
                  ((< R1 (- (/ (- d2 d1) 2) jd21))
(princ (list ( * (- ycord (- p2y jd21))2) (- xcord p21x)));防尘板座倒斜角/圆角起点 a1
                  );end 1
          ((>= R1(-(/ (- d2 d1) 2) jd21))
          (alert "轴颈过渡圆弧终点 pr2 与防尘板座倒斜角/圆角起点 a1 相同,只打印
Pr2 点!")
                    );end 2);end cond 1
              );end z3="XJS");end cond 2
            );end zy="one"
            ((= zy "two")
            (alert "在轴颈过渡圆弧终点后插入轴颈过渡小圆弧终点坐标!")
  (princ (list ( * (- ycord ya1)2) (- xcord p21x))) ;程序中防尘板座倒斜角/圆角起点 a1
(princ (list ( * (- ycord (+ p1y n))2) (- xcord p21x)));程序中轴颈过渡 r 圆弧终点 pr3
            );end zy="two");end cond
(princ (list ( * (- ycord ypr2)2)(- xcord xpr2)));程序中轴颈过渡圆弧终点/r 圆弧起点/防尘板座倒角后的起点 pr2
(princ (list ( * (- ycord p1y) 2) (- xcord xpr1))) ;程序中轴颈圆弧起点 pr1
(princ (list ( * (- ycord p1y) 2)(- xcord (+ x0 30))));程序中轴颈起点 p1 引入距离 30 mm
```

```
);end k1="PG"
    ((= k1 "N")
  (prompt"\nFinish the axle,thank you!") );end k1="N"
  );end cond1
  (ReErr)
  (princ) );end defun
```

5. 程序运行效果

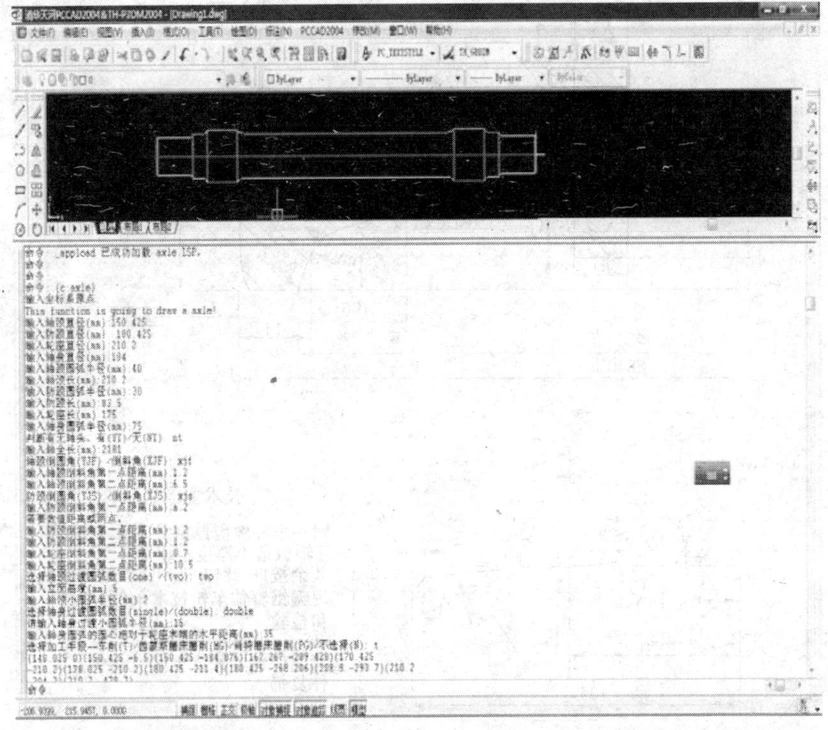


6. 程序的应用效果:基于 AutoCAD 平台的铁路货车车轴和冶金车轴的参数化设计程序简便适用,它以命令行方式与用户进行交互,非常直观且具有针对性。运行此程序可以将以前绘制一根车轴并获取轨迹点坐标的全部时间缩短近 6 h,能大大提高技术人员的工作效率。程序设计过程中,已将获取到的轨迹点坐标值与手工绘图得到的轨迹坐标进行了多次比较,结果是完全吻合的。

## 2.2　轮对组装的工艺分析

图 2-22 所示为铁路主型货车转 K6 型转向架采用的 HESA 型辗钢整体车轮(半成品)示意图，它是车轮生产厂家(如马钢、大同或太重等)按照铁路标准为铁路货车新造单位供应车轮半成品的图纸。

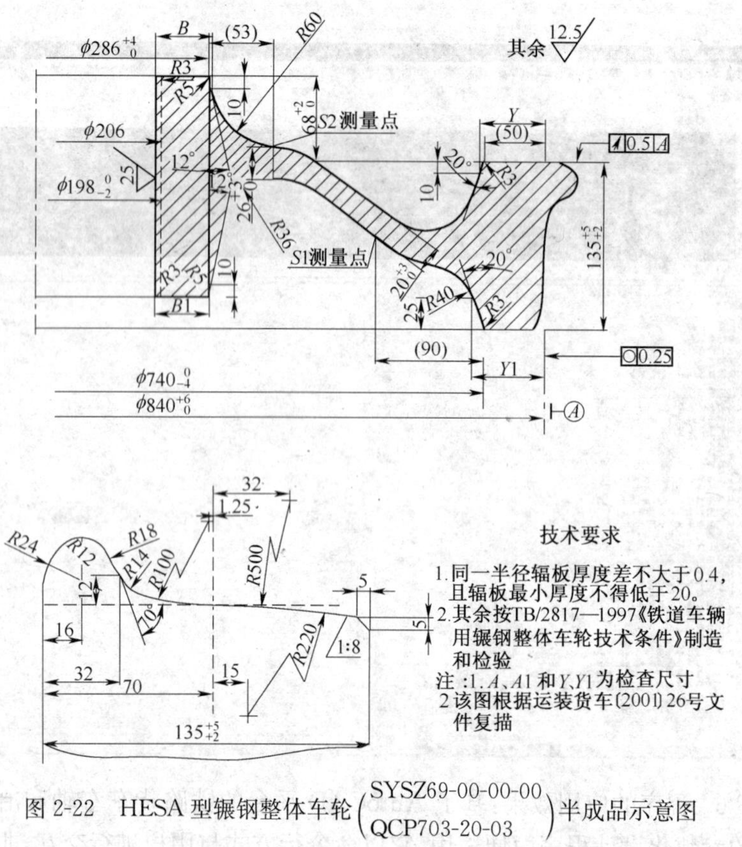


图 2-22　HESA 型辗钢整体车轮(SYSZ69-00-00-00 / QCP703-20-03)半成品示意图

图 2-23 所示为铁路主型货车转 K6 型转向架采用的 $RE_{2B}$ 型轮对示意图，它是铁路货车新造单位对采购的 LZ50 钢半光轴与 HESA 型辗钢整体车轮或 HEZD 型碳素钢铸钢整体车轮(半成品)进行加工，并采用轮对全自动压装机或轮对自动组装单元实现组装的图纸。

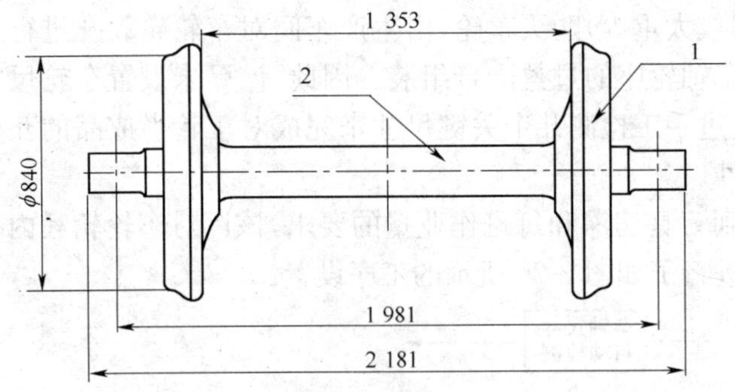

图 2-23　$RE_{2B}$型轮对(QCZ133-10A-00)示意图

1—HESA 型或 HEZD 型车轮;2—$RE_{2B}$型车轴

### 2.2.1　图纸分析和工序划分

铁路货车的轮对承受着车辆的全部载荷,并在负重条件下沿轨道做高速运转,这对轮对的制造工艺提出了很高的要求,轮对的压装就是其中最重要的工序之一。长期以来,国内铁路货车制造单位采用基轴制的过盈冷压装工艺完成 $RE_{2B}$型轮对的组装工作。

1. 工序设置:《铁路货车轮轴基础工艺线建设指导意见》(运装货车〔2005〕311 号)规定了车轮轮毂内孔加工和轮对组装的工序设置,分别如图 2-24 和图 2-25 所示;同时明确要求车轮轮毂内孔的加工必须采用立式数控车床或数控镗床来完成,轮对组装必须采用轮对全自动压装机或轮对自动组装单元来完成。

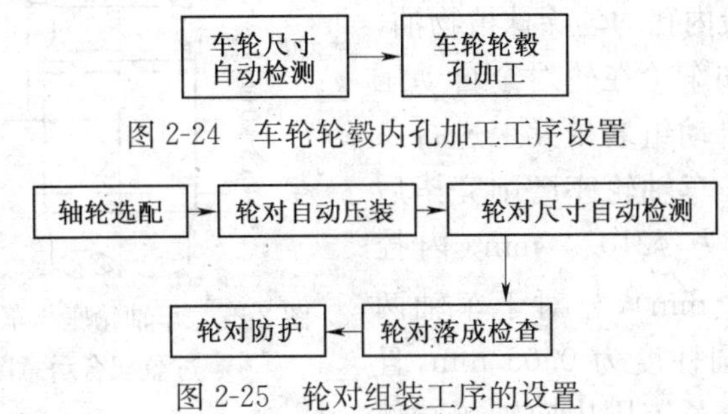

图 2-24　车轮轮毂内孔加工工序设置


图 2-25　轮对组装工序的设置

该厂属于铁路货车新造厂,其物资采购部门按照图 2-22 所示的 HESA 型车轮半成品图纸或 HEZD 型车轮半成品图纸自车轮生产厂(如马钢、大同或太重等)购买车轮,由生产车间对车轮轮毂孔进行来料加工并完成与车轴轮座的过盈配合组装。因此,该厂未设置车轮尺寸自动检测工序,通过手工检测几个关键尺寸来完成对车轮半成品的互检并核对相应的证件。

考虑到刀具切深和每班作业量的要求,该厂对车轮轮毂内孔加工和轮对组装进行了如图 2-26 所示的工序设置。

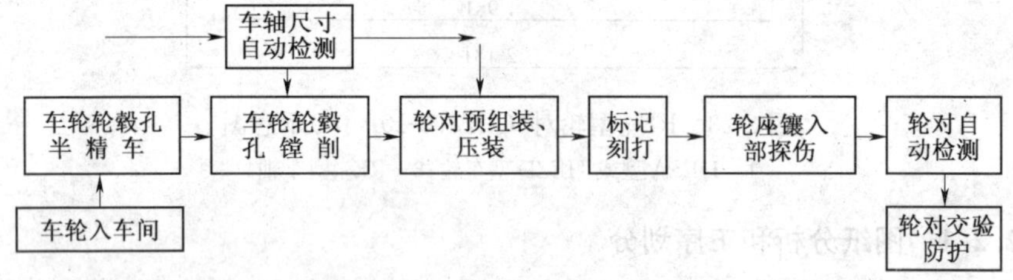


图 2-26 $RE_{2B}$型轮对组装工序的设置

2. 工序余量的确定:通常先按照《铁路货车轮轴组装检修及管理规则》(铁运〔2007〕98 号)中第二篇 2.5.2 条规定“……,配合过盈量为轮座直径的 0.8‰~1.5‰”确定过盈量,现场选配符合要求的车轮轮毂内孔直径与相应车轴轮座的直径进行配合。组装时,在车轴的轮座部位和车轮的轮毂内孔均匀涂抹植物油,然后将车轴和车轮在轮对全自动压装机或轮对自动组装单元上进行一一对应压装。车轴轮座磨削完毕后的成品尺寸为 $\phi 210_{-2}^{+1}$ mm(内控 $\phi 209.82_{0}^{+0.04}$ mm),相对于车轴两轴颈基准的圆柱度为 0.05 mm,且轮座直径在全长范围内向轴颈端部方向逐渐减小。按照配合过盈量要求进行计算可得车轴轮座与车轮轮毂孔的理论配合过盈量为 $\phi 210_{-2}^{+1}$ mm×(0.8‰~1.5‰)=(0.166 4~

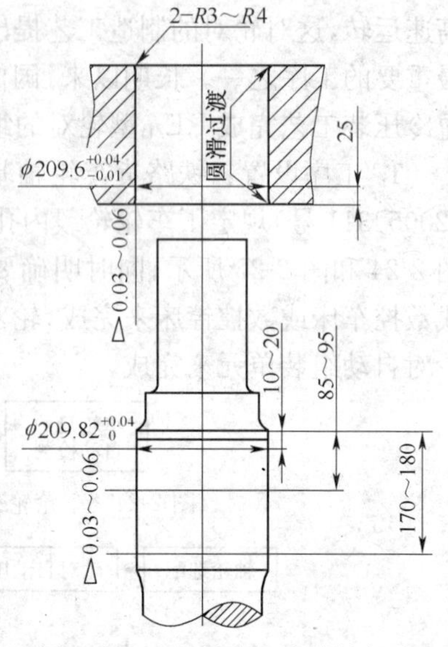


图 2-27 车轴轮座与车轮轮毂孔过盈配合示意图

0.316 5) mm。借鉴长期的生产实践经验,车轴轮座经磨削后其轮座上出现0.03~0.06 mm 的正向锥度(即圆柱度 0.015~0.03 mm),且车轮轮毂孔的圆柱度要尽量小于车轴轮座的圆柱度。考虑车轴轮座正向锥度的影响,选择实际配合过盈量为 0.19~0.26 mm。

轮对组装前,车轮轮毂孔内径尺寸需控制在 $\phi$207.74~210.82 mm,而车轮半成品轮毂孔内径为 $\phi 198_{-2}^{\ 0}$ mm,待加工部位总加工余量为 9.74~14.82 mm。考虑机床的切削能力和刀具的最大切深,将车轮半成品轮毂孔的加工分成两个小工序完成:

(1)半精车车轮轮毂内孔至 $\phi 206_{\ 0}^{+0.5}$ mm,切深 8~10.5 mm;具体尺寸控制见图 2-28 所示。

(2)再对半精车后的车轮轮毂内孔进行镗削加工,到达规定的限度尺寸(粗镗至 $\phi 208.8_{\ 0}^{+0.2}$ mm 和精镗尺寸到限两个工步),见图 2-29 所示。

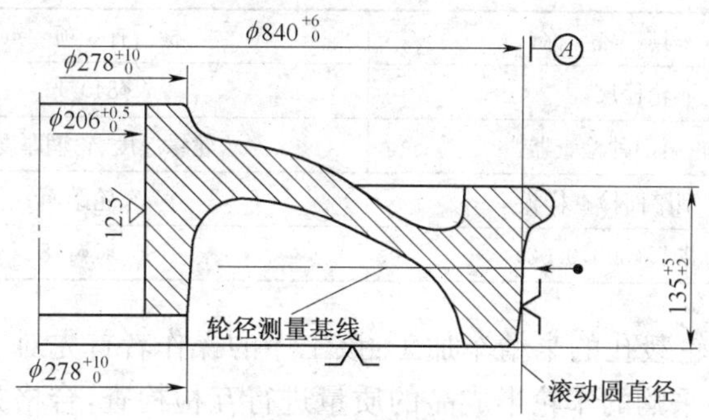

图 2-28　车轮轮毂孔半精加工尺寸的控制

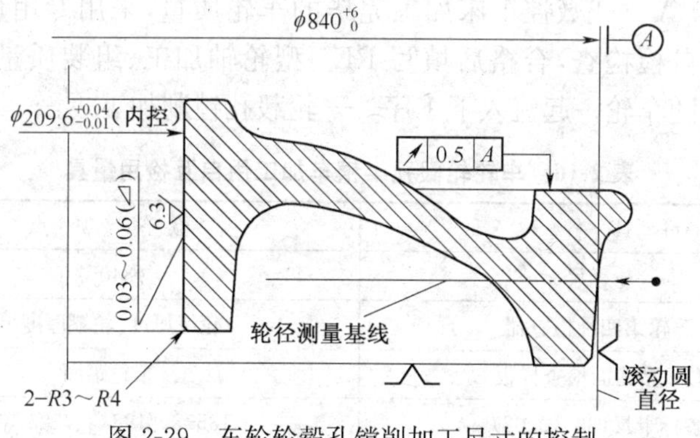

图 2-29　车轮轮毂孔镗削加工尺寸的控制

当车轴的轮座部位经荧光磁粉探伤发现裂纹时，需旋修车轴的轮座(前提是$\phi$209.82 mm>轮座直径≥$\phi$208 mm)或者将车轮轮毂内孔旋修0.3 mm后继续进行过盈装配(前提是$\phi$211 mm≥轮座直径>$\phi$209.86 mm)，同时相应地调整车轮轮毂内孔的半精车尺寸。

### 2.2.2 工卡量具的选用

1. 车轮入车间：车轮进入车间前，由物资采购部门会同质量保证部门的检查人员，按照HESA型和HEZD型车轮半成品图纸的供货要求，使用专用量具(见表2-15)对车轮进行抽样检查，并核对车轮的合格证是否与实物相一致。检验完毕后，由生产车间的领料人员将车轮领入车间，并派发到生产班组中。

**表2-15 车轮入厂抽检用专用量具**

| 量具名称 | 检查项点 |
| --- | --- |
| 轮径尺 | $\phi 840^{+6}_{0}$ |
| 车轮第四种检查器 | 轮缘厚度、轮辋厚度等 |
| LM型踏面检查样板 | 车轮踏面 |
| 游标卡尺(300,0.02) | $135^{+5}_{+2}$、$\phi 198^{0}_{-2}$ |

2. 车轮轮毂孔的半精车加工：该工序的操作者首先对上工序(即物资采购部门)采购的车轮半成品的质量进行互检检查，合格方可开工，发现不良品时要按规定做好标识，并及时向车间的质量管理人员汇报；其次对YV1200-A立式数控车床加工完毕的车轮质量，采用专用量具(见表2-16)进行自检检查，合格后填写$RE_{2B}$型轮轴加工、组装质量检查记录卡，并使其随车轮一起流入下工序——轮毂孔镗削加工。

**表2-16 车轮轮毂孔半精车加工用自互检用量具**

| 量具名称 | 检查项点 |
| --- | --- |
| 轮径尺 | $\phi 840^{+6}_{0}$ |
| 车轮第四种检查器 | 轮缘厚度、轮辋厚度等 |
| LM型踏面检查样板 | 车轮踏面 |
| 游标卡尺(300,0.02) | $135^{+5}_{+2}$、$\phi 198^{0}_{-2}$、$\phi 206^{+0.5}_{0}$ |

3. 车轮轮毂孔镗削加工:该工序操作者首先对上工序(轮毂孔半精车)加工的质量进行互检检查,合格方可开工,发现不良品时要按规定做好标识,并及时向车间的质量管理人员汇报;其次对美国西蒙斯 SN-841 立式镗床加工完毕的车轮质量,采用专用量具(见表 2-17)进行自检检查,合格后填写 $RE_{2B}$型轮轴加工、组装质量检查记录卡,并使其随车轮一起流入下工序——轮对组装。

**表 2-17 车轮轮毂孔镗削加工自互检用量具**

| 量 具 名 称 | 检 查 项 点 |
| --- | --- |
| 游标卡尺(300,0.02) | $\phi206^{+0.5}_{0}$ |
| 内径百分量表(160～250) | $\phi209.6^{+0.04}_{-0.01}$(内控) |
| 外径千分尺(200～250) | 校准内径百分量表用 |
| 粗糙度比对样块 | 车轮轮毂孔 $Ra6.3\ \mu m$ |
| $R3$～$R4$ 倒角样板 | $R3$～$R4$ |

4. 轮对组装:该工序操作者首先对上工序(车轴轮座磨削和车轮轮毂孔镗削)加工的质量进行互检检查,合格方可开工,发现不良品时要按规定做好标识,并及时向车间的质量管理人员汇报;其次对轮对全自动压装机或轮对自动组装单元加工完毕的轮对质量,采用专用量具(见表 2-18)进行自检检查,合格后填写 $RE_{2B}$型轮轴加工、组装质量检查记录卡,并使其随车轮一起流入下工序。

**表 2-18 轮对组装自互检用量具**

| 量 具 名 称 | 检 查 项 点 |
| --- | --- |
| 内径百分量表(160～250) | $\phi209.6^{+0.04}_{-0.01}$ mm(内控) |
| 外径千分尺(200～250) | 校准内径百分量表用 |
| 粗糙度比对样块 | 车轮轮毂孔 $Ra6.3\ \mu m$;<br>车轴轮座 $Ra1.6\ \mu m$ |
| $R3$～$R4$ 倒角样板 | 倒角 $R3$～$R4$ |
| 轮位差测量尺 | ≤3 mm |
| 内距尺(任意三点差≤1 mm) | (1 353±2) mm |
| 轮轴偏心测量尺(同一车轮踏面与轴颈面在同一直径线上测量的两点距离差) | ≤0.6 mm |

### 2.2.3 工装的选用

为了满足机床的装夹要求，实现车轮和车轴在工序中的正常流转，防止工件出现磕碰伤等，需要设计并配置相应的工装。

1. $RE_{2B}$型车轮专用吊具：将悬挂在天车主钩上的车轮专用吊具（见图 2-30）移动至待加工车轮的正上方时，操作者打开吊具的撑杆，天车起吊至目标位置即可完成车轮的吊运。要定期对车轮专用吊具的链环和销

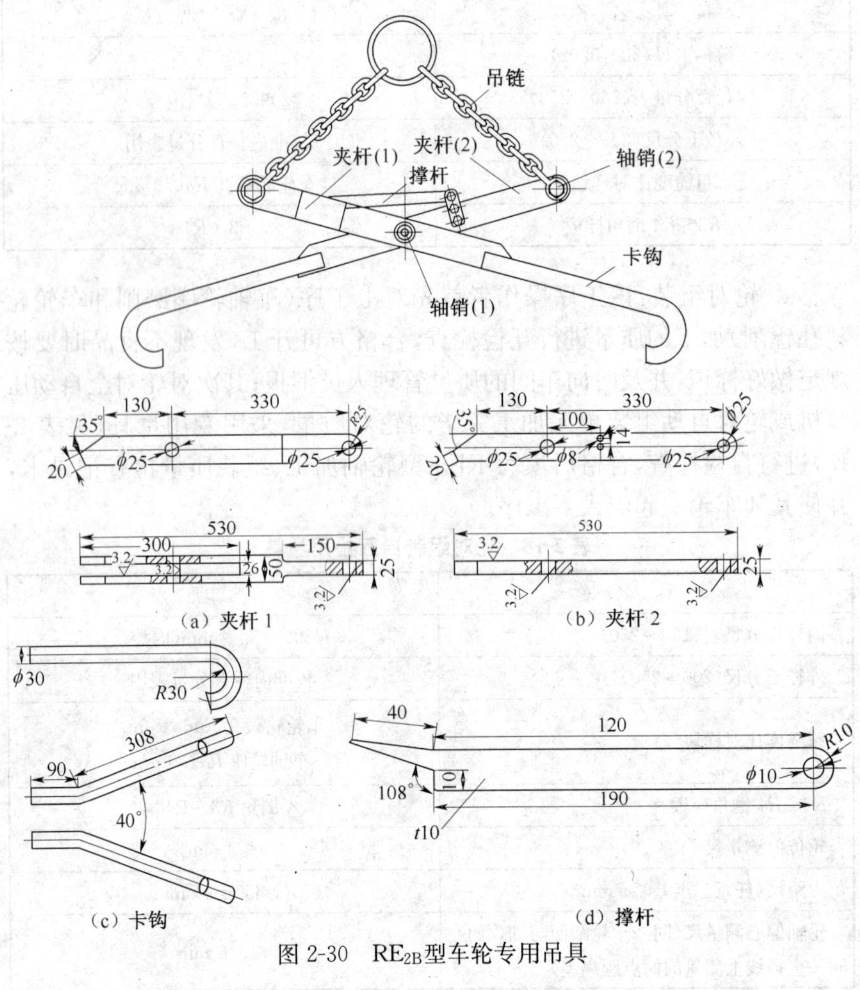


图 2-30 $RE_{2B}$型车轮专用吊具

轴及各焊接处等部位进行探伤检查，以防止安全事故的发生。$RE_{2B}$型车轮专用吊具的技术要求为:除卡钩为20号钢外其他配件的材料为45号钢，全部倒角1×45°，机加工完后进行发蓝处理，表面探伤检查要无裂纹并开具探伤合格证。

2. 车轮翻转装置:原有轮轴输送线未配备此装置，操作者无法对加工完的车轮轮毂内孔进行积屑瘤的检查，容易导致轮对组装过程中发生戗轴事故。为此，在原轮轴输送线的空隙间设计制作了车轮翻转装置(见图2-31)。操作者通过该装置可将轮毂孔精镗完毕的车轮立起来，非常方便地检查轮毂内孔的加工质量，当发现异常时可用00号砂布蘸油打磨消除之，从而实现轮对组装质量的控制。

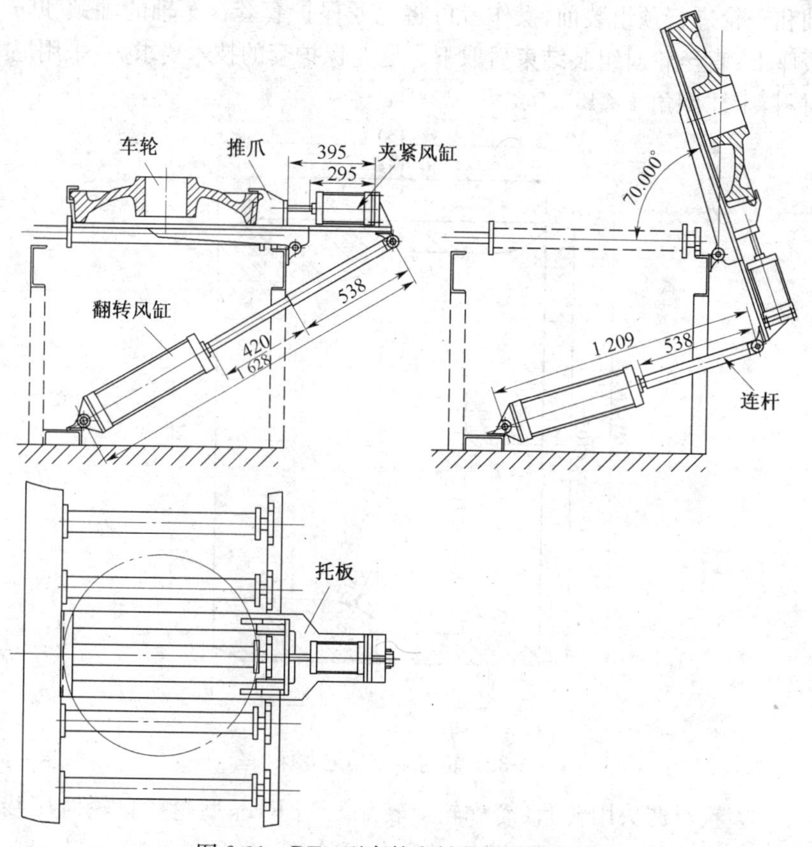


图2-31　$RE_{2B}$型车轮翻转装置的总装图

3. 组装用尼龙保护套：车轴和车轮预组装（车轴和车轮预组装完成后，被称为待组装轮对，下同）时，车轮在车轴上偶尔会出现预组装不到位的情况，且预组装后二者的同轴度不好，将致使两种情况出现：

(1)待压装的 $RE_{2B}$ 型轮对自预组装位输送至组装位的过程中，车轮会掉下而卡在车轴的轴颈上，形成深度超限的碰伤致使该车轴报废。

(2)若调大预组装设备的预组装压力，由于车轴和车轮的预组装与轮对的组装属于二次装夹，故容易形成组装时车轮在车轴上的二次找正而产生金属毛刺，从而影响轮对的组装质量，严重者发生戗轴事故（绝大多数情况下车轴和车轮均报废）。

为此，设计制作轮对组装用的尼龙保护套（见图 2-32）。在 $RE_{2B}$ 型车轴和车轮进行预组装前，操作者可将尼龙保护套套在车轴的轴颈和防尘板座上；直至轮对组装结束后取下。尼龙保护套的技术要求为：采用尼龙材料，未注倒角 1×45°。

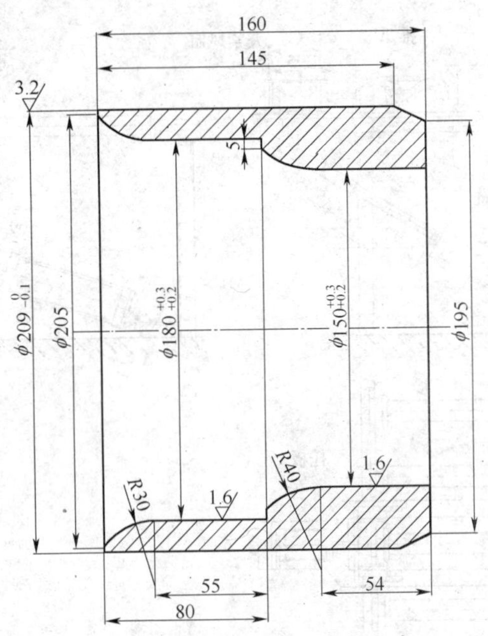


图 2-32　轮对组装用尼龙保护套

4. 轮对调头用转胎（简称轮对转胎）：当 $RE_{2B}$ 型轮对自轮对压装机组装完毕后，流入下工序（即轮对的专项检验）过程中调头/旋转 180°或检测轮辋跳动时，需使用风控轮对转胎（见图 2-33）先将 $RE_{2B}$ 型轮对顶起再做处理。

5. 退轮用垫铁、帽垫和尼龙保护套：在 $RE_{2B}$ 型轮对组装的过程中，偶尔会出现组装不合格的情况，此时需采用专用退卸油压机（见图 2-34）对不合格的轮对进行返工退卸处理。同时为了防止返工时车轴轴颈的磕碰伤和轴颈端部磁粗的出现，设计制作了退轮用垫铁（见图 2-35）、帽垫（见图 2-36）和尼龙保护套（见图 2-37）。当退卸轮对时，操作者将待退卸轮对用棉绳吊起，在车轴轴颈的端部放置帽垫，使垫铁卡在车轮轮毂孔的两侧面（注意两块垫铁的间距应大于车轴轮座的直径），然后开动油压机顶住帽垫，使车轮从车轴上退卸下来。

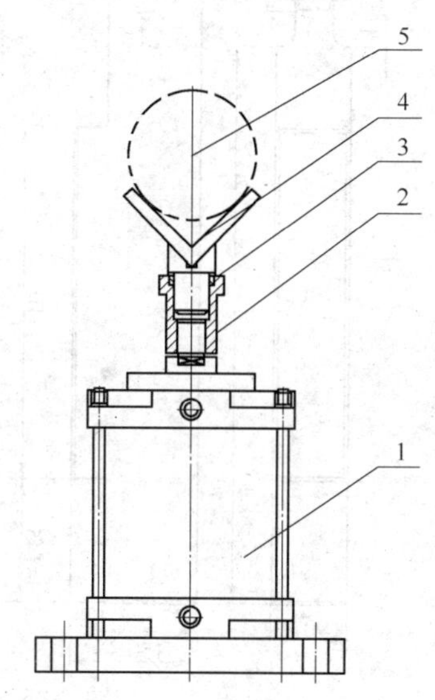

图 2-33　轮对转胎示意图

1—QGA$\phi$250×180-BF2 风缸；2—支撑套（Q235）；3—轴承；4—V 形托（L160×160×16）；5—$RE_{2B}$型车轴

（1）垫铁的技术要求为：基体采用 45 号钢，未注倒角 3×45°，与车轮接触的部位焊铜处理。

图 2-34　轮对退卸油压机

（2）帽垫的技术要求为：基体采用 45 号钢，全部倒角 2×45°，紫铜板的厚度 $\delta$=14 mm，紫铜板与基体属于过盈配合。

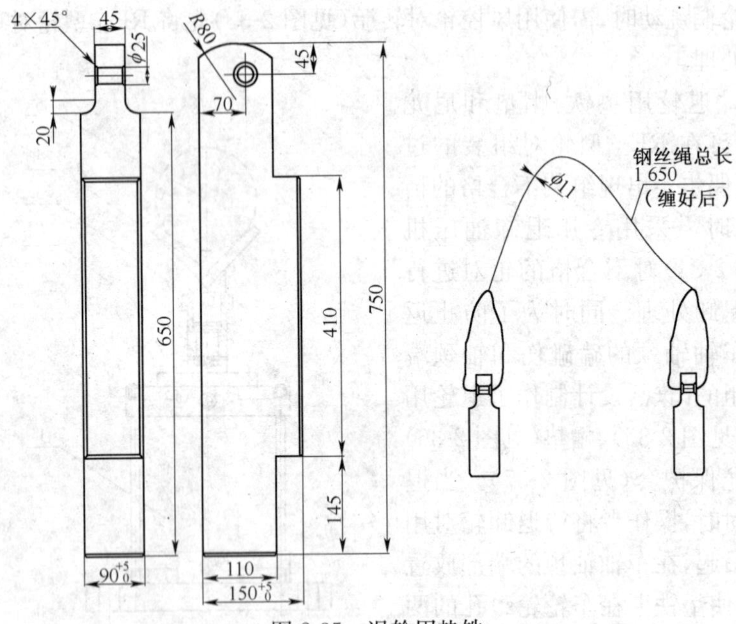


图 2-35　退轮用垫铁

（3）尼龙保护套的技术要求为：采用尼龙材料，未注倒角 1×45°。

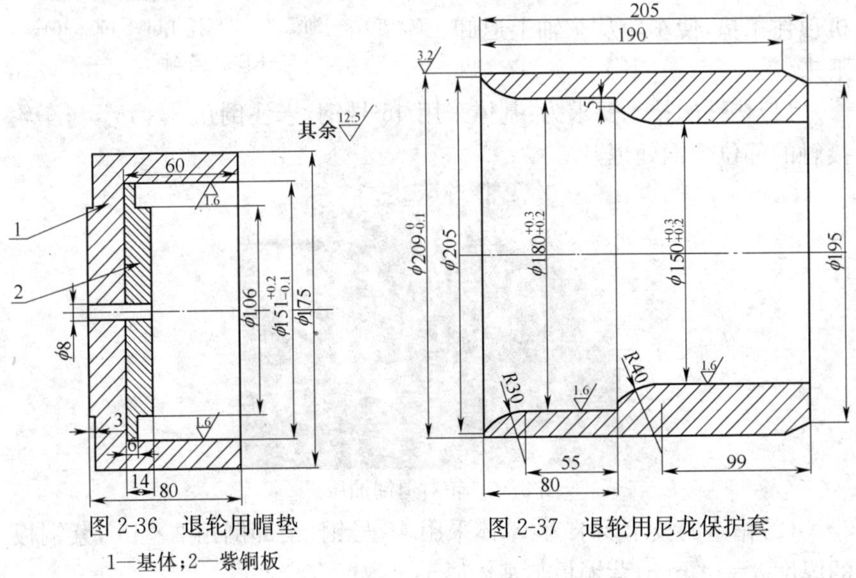


图 2-36　退轮用帽垫

1—基体；2—紫铜板

图 2-37　退轮用尼龙保护套

6. 退轮用吊具：在 $RE_{2B}$ 型轮对组装的过程中，偶尔会出现组装不合格的情况，此时需采用专用退卸油压机对不合格的轮对进行返工退卸处理；退卸后的车轮须用专用吊具（见图 2-38）从 $RE_{2B}$ 型车轴上卸掉。退轮用吊具的技术要求：左钩、右钩、U 形环和挂链采用 20 号钢，其他配件采用 45 号钢，未注倒角 1×45°，表面探伤检查不能有裂纹并开具探伤合格证。

7. 轮对专用吊具：当使用天车吊运 $RE_{2B}$ 型轮对时，须配置轮对专用吊具（见图 2-39），并对吊具上与车轴的轴身接触部位进行焊铜处理，以防止车轴轴身被磕碰伤。

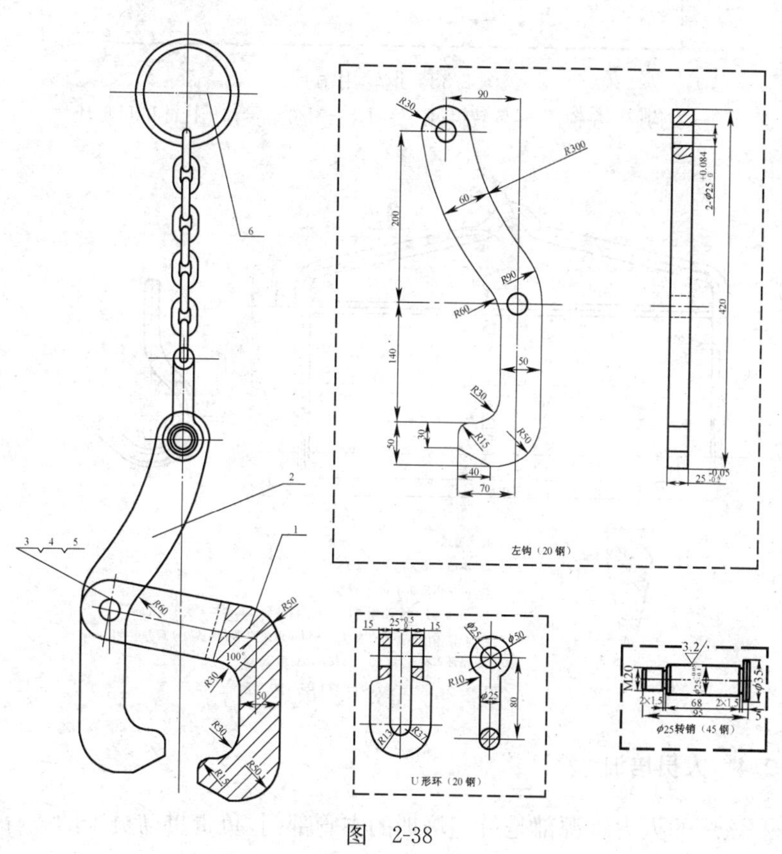


图 2-38

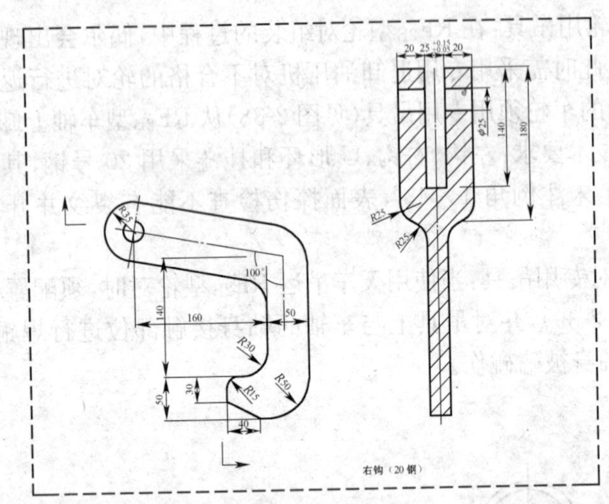


图 2-38　退轮用吊具

1—右钩；2—左钩；3—$\phi$25 转销；4—垫圈；5—M20 螺母；6—挂链和 U 形环

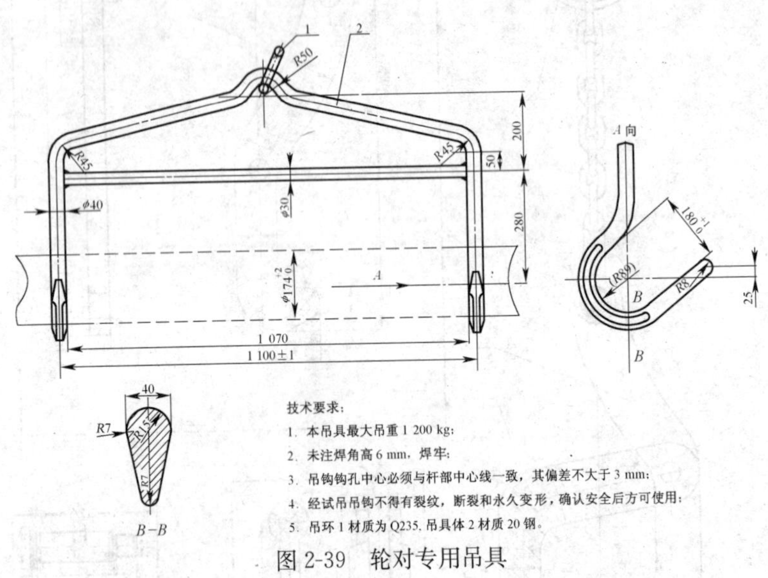


图 2-39　轮对专用吊具

## 2.2.4　人员培训

该厂的人力资源部是员工培训的主管部门，负责贯彻员工的教育方针，统一规划工厂的员工培训工作，负责组织培训的实施工作，并进行检查和考核。生产车间需设立兼职教育干事，由其负责向人力资源部提出培训需求，实施车间的培训计划。

根据技术中心及各生产单位提出的培训需求，人力资源部组织员工进行岗前培训，培训包括理论培训和实作培训。培训结束后，需组织参加培训者进行考试，合格后录用上岗，不合格者继续培训或转岗培训。人员培训工作涉及的相关记录有《培训需求说明书》、《更改培训计划申请表》、《培训实施说明书》、《职工培训授课记录》、《培训学员名单》、《培训结果评价报告》等。

关于$RE_{2B}$型轮对的组装，生产单位需要组织操作者认真学习工艺文件（见表2-19），熟悉岗位要求和操作过程，并掌握相应设备的操作等。

### 2.2.5 相应管理制度的制定

管理制度是使公司或单位的各项工作走向正规的“规矩”。$RE_{2B}$型轮对的组装过程涉及了《在用设备管理制度》、《能源管理制度》（见表2-20）、《消耗材料管理制度》、《产品质量追究考核办法》、《在用工装管理办法》、《工卡量具使用管理办法》和《安全生产管理办法》等一系列符合2008版ISO 9001质量管理体系要求的管理制度。

### 2.2.6 产品的首件鉴定及工艺评审

轮对组装按工序流程依次展开进行，当工序的第一件产品加工完毕后，由产品质量部门组织生产单位、工艺部门和设计部门进行首件鉴定，予以判断是否需要调整工艺参数，是否可以进行批量加工。首件鉴定合格，由质量部门出具《产品首件鉴定单》，报工厂质量总师签批后，呈送给用户——铁道部驻工厂车辆验收室许可。

按照规定，需要对工艺技术部门编制的《HESA型车轮加工工艺文件》和《$RE_{2B}$型轮对组装工艺文件》进行工艺评审；评审采用工艺验证的方法，由编制单位组织进行，生产单位和质量部门参加。验证内容包括：工艺过程是否合理，选择的工艺参数是否合理，使用的设备和工艺装备及检测器具是否能够满足质量要求和生产效率，按此工艺生产出的产品是否合格。评审通过后填写《工艺文件评审记录》。

表 2-19　$RE_{2B}$型轮对组成检查卡片

| ××××公司 | 检 查 卡 片 | 产 品 名 称 | 零(部)件名称 | 图号 | 工序名称 | 工序号 | 文件编号 |
|---|---|---|---|---|---|---|---|
| ××××车间 | | 转K6型转向架 | 轮对组成 | QCZ133-10A-00 | 检 查 | | |

$L_1$　1 353±2　$\phi_1$　$\phi_2$

$|L_1-L_2|\leqslant 3$

$|\phi_1-\phi_2|\leqslant 1$

轮对参数自动测量机检测工艺要求：

1. 使用轮对参数自动测量机 $RE_{2B}$ 型轮对进行全项检测，检测项目包含车统-51D中的轮位差，车轮直径，车轮偏心，内侧距，车轮轮辋宽，轮辋厚和轮缘厚等。
2. 测量前须将轮对各测量部件擦干净，以免引起测量误差。
3. 为保证产品质量，设备试运行期间，采用设备与手工相结合方式进行检测。

| 序号 | 检查内容，要求，方法 | 设备，工装，工具 名称 | 设备，工装，工具 编号 | 备注 |
|---|---|---|---|---|
| 1 | 轮对外观质量检查，组装质量符合铁运【2007】98号文。TB/T1718—2003《车辆轮对组装技术条件》及TB1010—2005《车辆用轮对类型及尺寸》的规定 | | | |
| 2 | 检查车轮外径$\phi 840^{+6}_{0}$，同一轮对两车轮直径差≤1 mm，同一车轮相互垂直的直径差≤0.5 mm | 轮对参数自动测量机或轮径尺 | | |
| 3 | 轮对组装后的轮位差≤3 mm | 轮位差测量尺 | | |
| 4 | 同一车轮踏面与轴颈面在同一直径线上测量的两点距离差≤0.6 mm | 轮轴偏心测量尺 | | |
| 5 | 轮对内侧距为1 353 mm±2 mm，测任意三处相差≤1 mm | 内距尺 | | |
| 6 | 车轮的轮缘，踏面外形应符合TB/T 449—2003中的LM形 | 踏面检查样板<br>车轮第四种检查器 | | |
| 7 | 左端钢印完整，清晰 | 目测 | | |
| 8 | 检查后利用HMIS工位机签认（或在质量检查记录卡上签认） | HMI工位机 | | |

| | | | | | | | | | | 编制 | | 校对 | |
|---|---|---|---|---|---|---|---|---|---|---|---|---|---|
| | | | | | | | | | | 会签 | | | |
| 标记 | 处数 | 修改文件名 | 签字 | 日期 | 标记 | 处数 | 修改文件号 | 签字 | 日期 | 审核 | | 批准 | |

**表 2-20　××××生产车间能源管理考核办法**

为进一步规范能源管理，达到合理用能和节能，提高能源利用率和经济效率，降低产品成本，特制定本办法：

一、巡检范围及考核办法

1. 厂房内各班组卫生区域内、办公室、生活间、设备照明必须做到人走灯灭，否则每发现 1 处(每盏灯)扣款 30～50 元。

2. 厂房内各班组、办公室和生活间的降温风扇及照明设施，必须做到人走停机，否则每发现 1 处扣责任人 30～50 元。

3. 根据各班组现场划分的卫生区域和水电气的管理范围，工作场地杜绝水、气跑冒滴漏现象的发生，每发现 1 处扣罚 30～50 元。

4. 室温 18 ℃以上时，严禁设备空机运转，特别是液压站，操作人员全部到位后，准备工作就绪方可开机操作，并做到离岗停机，否则每发现 1 次扣款 50～100 元。

5. 车间内专用空气压缩机应做到人走停机，不允许在无人监管状态下自动开机，否则对责任人扣罚 50～100 元。

6. 车间各班组不得私自使用电炉子或电热器等，确属生产需要，必须持有车间批准手续，否则一律视为违章用电，每发现 1 次扣罚 100～200 元并予以没收。

7. 电焊机、天车和机床等设备，工作完成后必须切断电源(或远离设备)、当开关损坏时应及时修复，否则每发现 1 处扣罚 50～100 元。

8. 维修人员在每次的巡检过程中，对发现的责任范围内的风、水、电和气的跑冒滴漏等现象予以修复或制止，对未发现或未及时修复的，每发现 1 项扣责任者 50～100 元。

9. 车间各班组区域内的冬季采暖设施上面，不准坐人或存放杂物，发现 1 处扣罚 30～100 元；对人为造成设施损坏的，根据损坏价值多少扣责任人 50～300 元。

10. 车间内各班组成员严禁在厂内洗衣服，每发现 1 次扣责任者 50 元。

11. 要求全体员工树立能源节约意识，坚决杜绝浪费，对及时制止能源浪费现象或举报违反者，车间将给予适当奖励。

二、考核程序

车间能源管理人员于每月 8 日前将上月考核情况汇总整理，经分管领导签字批准后，报车间经营部

附则：

1. 本办法自发布之日起执行。

2. 本办法由车间设备管理组编制并负责解释。

××××生产车间

年　月　日

## 2.3 本章小结

本章通过对铁路车辆轮轴加工、组装的工艺分析和流程制定，形成了《$RE_{2B}$型车轴加工工艺文件》、《HESA 型车轮加工工艺文件》和《$RE_{2B}$型轮对组装工艺文件》。为了实现车轴和车轮的加工及轮对的组装，保证产品质量，设计制作了一系列的配套工装；为了保证工件尺寸和加工数据的准确性，选择了相应的工卡量具，同时形成了一系列的管理制度，为后续的批量生产奠定了坚实的基础，提供了强有力的保证措施。

# 3 车辆轮轴加工组装用工艺生产线设备的选用

在车辆轮轴加工、组装工艺分析的基础上，按照《铁路货车轮轴组装检修及管理规则》(铁运〔2007〕98 号)的具体要求进行工艺生产线设备的选用。从车辆轮轴加工组装单位的“装备保工艺、工艺保质量”的说法，可看出工艺生产线设备的正确选用在轮轴加工组装中的重要性。

按照车辆轮轴加工、组装的工艺分析和双班作业日产 20 辆份货车的生产任务要求，应依次选用 $RE_{2B}$ 车轴加工和轮对组装各工序的加工设备，并依据产品特点和设备状况等，进行相应辅具的设计。根据实际加工要求，应编制产品加工程序并优化 CNC 机床参数；同时依据使用过程中出现的设备异常等问题，进行相应的技术改造。

## 3.1 车轴加工的设备选用

日产 20 辆份货车，需要完成 80 根 $RE_{2B}$ 型车轴的加工，双班制时每班须生产 40 根车轴。设备选用时除考虑机加工时间外，还需考虑上下料等辅助时间。

### 3.1.1 车轴半精车加工设备

选择台湾优冈机床公司生产的 LC34-300 卧式数控车床(FANUC 0iTC 系统，见图 3-1)进行 $RE_{2B}$ 型车轴的半精车加工。依据前面设置的工序余量，将车轴的轴颈根部和防尘板座根部分为三刀完成切削，如此加工一根车轴需 20 min(包括工件调头等辅助时间)，双班制日产 20 辆份 $RE_{2B}$ 型车轴则需要 2 台同类型的机床方可完成。

1. $RE_{2B}$ 型车轴的半精车为单端加工，采用两顶一夹的装夹方式，主轴端为三硬爪液压卡盘自动夹紧。液压卡盘的辅助控制回路和 I/O 接口图如图 3-2 所示；根据 PMC 梯形图(见图 3-3)的逻辑，液压卡盘自动夹

图 3-1　LC34-300 卧式数控车床

紧的动作过程为：

(1) 保持型继电器 K 参数的设定：K4.7＝1，选择液压夹盘；K5.6＝0，使用 M10、M11 指令控制卡盘的夹紧与张开(K5.6＝1 则使用到位检测开关 LS21 和 LS22 控制卡盘动作)；K5.7＝0，卡盘夹紧电磁阀线圈保持。

(2) 由 CNC 程序执行主轴卡盘夹紧 M10/松开 M11 指令，外置脚踏开关 CHUCK FOOT SWITCH 给予卡盘动作的脉冲输入信号 X7.6。

(3) 当 CNC 读至 M 指令时，对其二进制译码处理，结果存放于 PMC 地址 R301 中；同时通过 SUB65 CALL 指令调用液压卡盘子程序 P8。

(4) 通过机床面板上的液压卡盘内夹/外张钥匙 SA2(信号 X0.4)选择液压卡盘的动作模式：输入信号 X0.4＝0 时液压卡盘向内夹紧，X0.4＝1 时液压卡盘向外张开。

(5) 操作者控制外置脚踏开关 FS1，向 PMC 输入一个卡盘动作请求脉冲信号 X7.6，由 PMC 进行内部逻辑处理。当卡盘夹紧未到位时➡卡盘夹紧延时辅助信号 R51.2＝0(K5.6＝1 时 X8.1＝0)➡Y4.7＝1 则卡盘夹紧电磁阀线圈 KA24 得电➡电磁阀 YV14 动作➡卡盘夹紧➡定时器 TMR11 设定的时间到达后 R51.2＝1 并使 Y4.7＝0➡同时 PMC 发出卡盘夹紧完毕信号 Y10.4＝1 使面板上的夹紧指示灯 HL8 点亮以及 M 代码执行完毕信号 G5.0 和 G4.3➡机床循环启动条件之一具备。卡盘松开的动作与之类似，不再赘述。

(6) 当主轴无论自动状态还是手动状态进行旋转时，前提条件为卡盘必须夹紧到位，即 Y10.4＝1(面板上夹紧指示灯点亮)；否则 LCD 屏幕上显示“AL1006 CHUCK NOT OK”液压卡盘未夹紧报警。

(7) 当保持型继电器 K5.6=1 时,使用到位检测开关 LS21 和 LS22 控制卡盘的动作,相应的到位检测信号为 X8.0 和 X8.1;到位检测开关的工作状态是否正常由 LCD 屏幕上显示的“AL2007 CHUCK SENSOR ERROR”液压卡盘传感器错误报警提示之,即 X8.0 与 X8.1 不能同时点亮;其他逻辑控制过程与 M 指令代码控制类似。

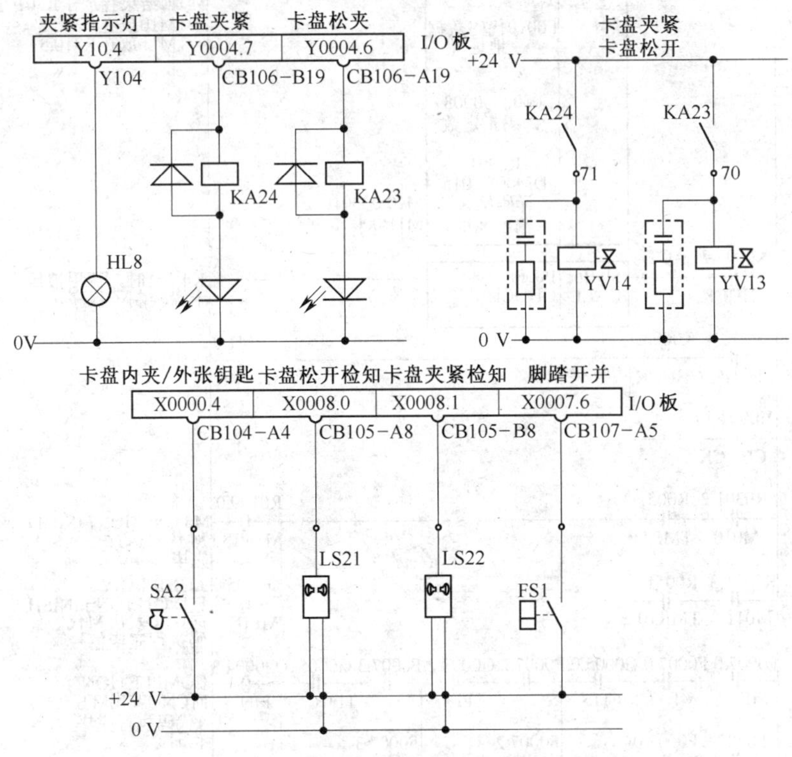

图 3-2　卧式数控车床液压卡盘辅助控制回路和 I/O 接口图

2. 结合 $RE_{2B}$ 型车轴的性能和 CNC 机床要求,选择 MTJN4040 刀杆和 KC810 刀片,并设计刀杆接长杆(见图 3-4)。为降低切削温度,提高刀具的耐用度,使用水基切削液。

3. 以 $RE_{2B}$ 型车轴的设计基准为试切对刀点,轴线为 $Z$ 轴,端面为 $X$ 轴,点 $Q_P$ 即工件坐标系的原点(编程原点,见图 3-5)。通过试切车轴的轴颈,用外颈千分尺测得试切处的轴颈直径尺寸,在 LCD 屏幕上 OFFSET

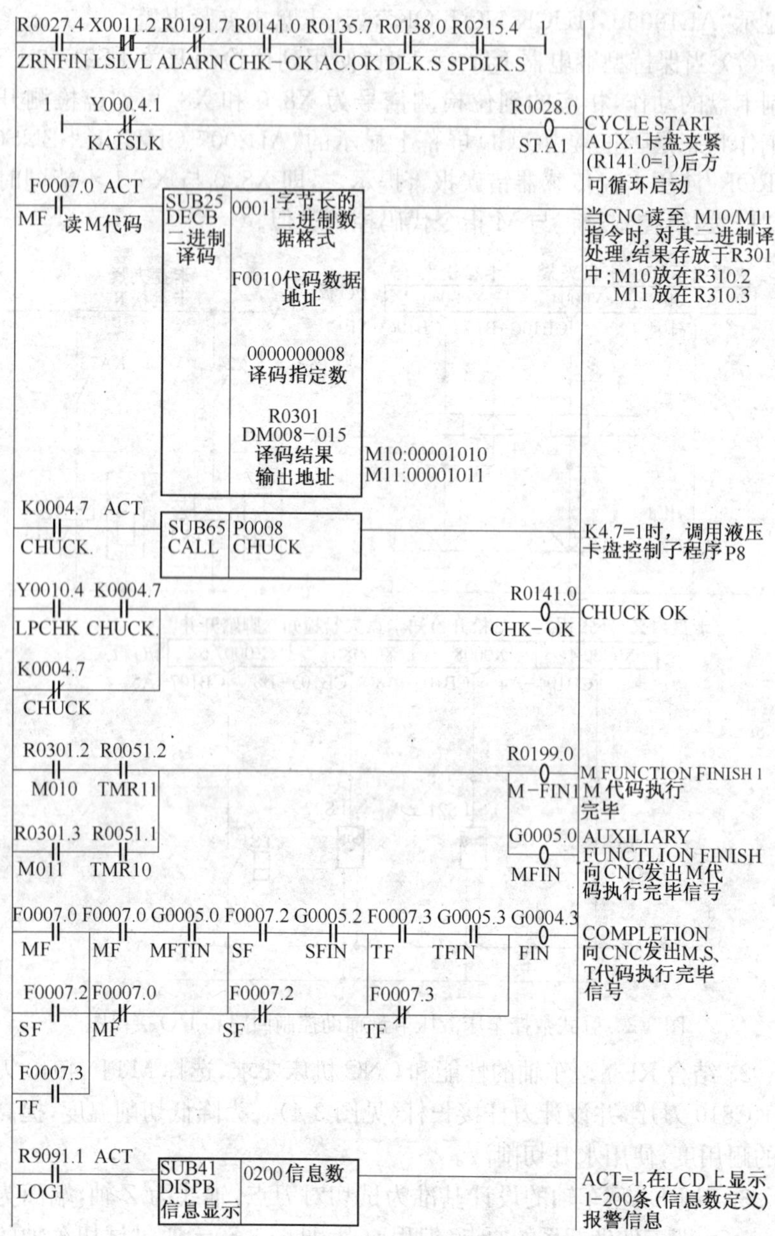


图 3-3（1） 卧式数控车床液压卡盘的 PMC 梯形图

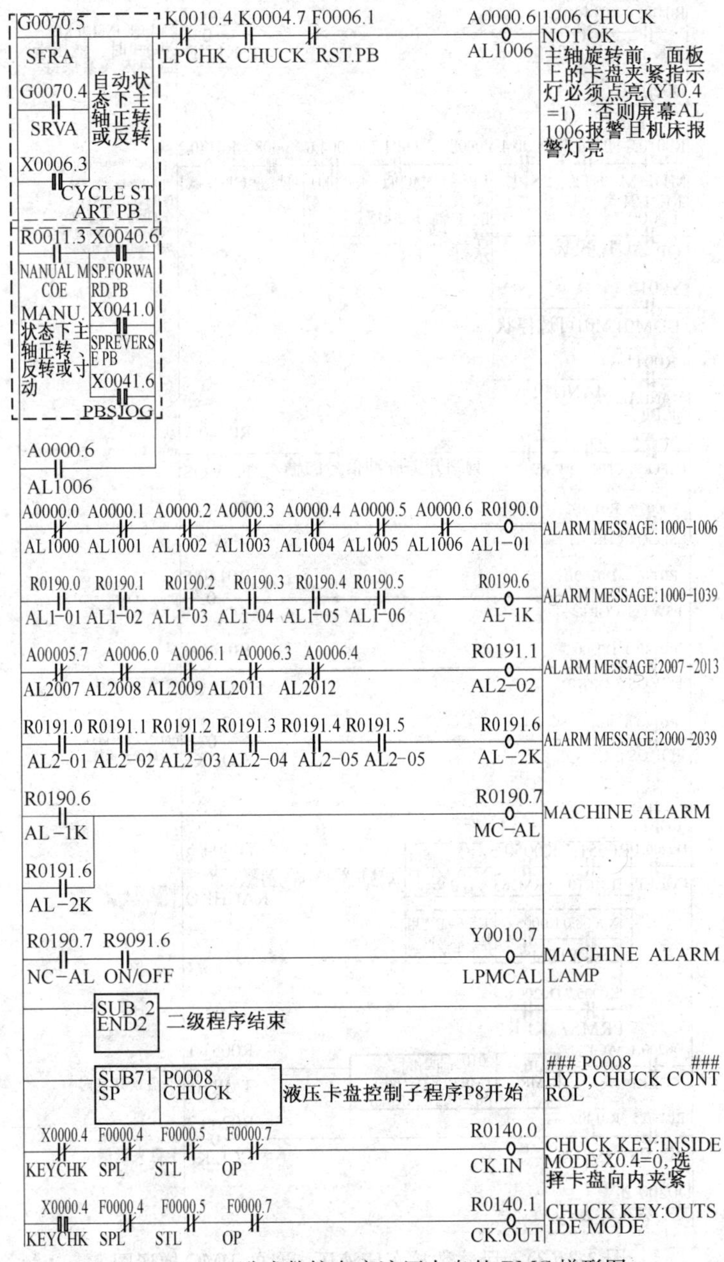


图 3-3（2） 卧式数控车床液压卡盘的 PMC 梯形图

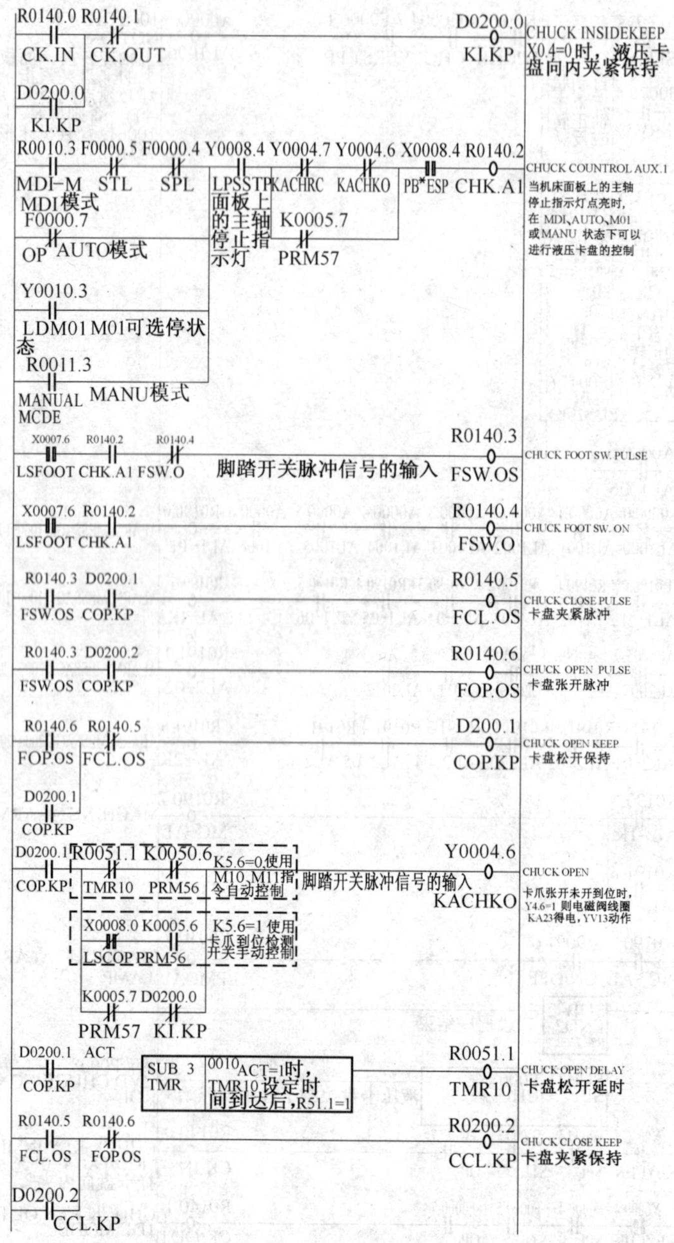


图 3-3（3） 卧式数控车床液压卡盘的 PMC 梯形图

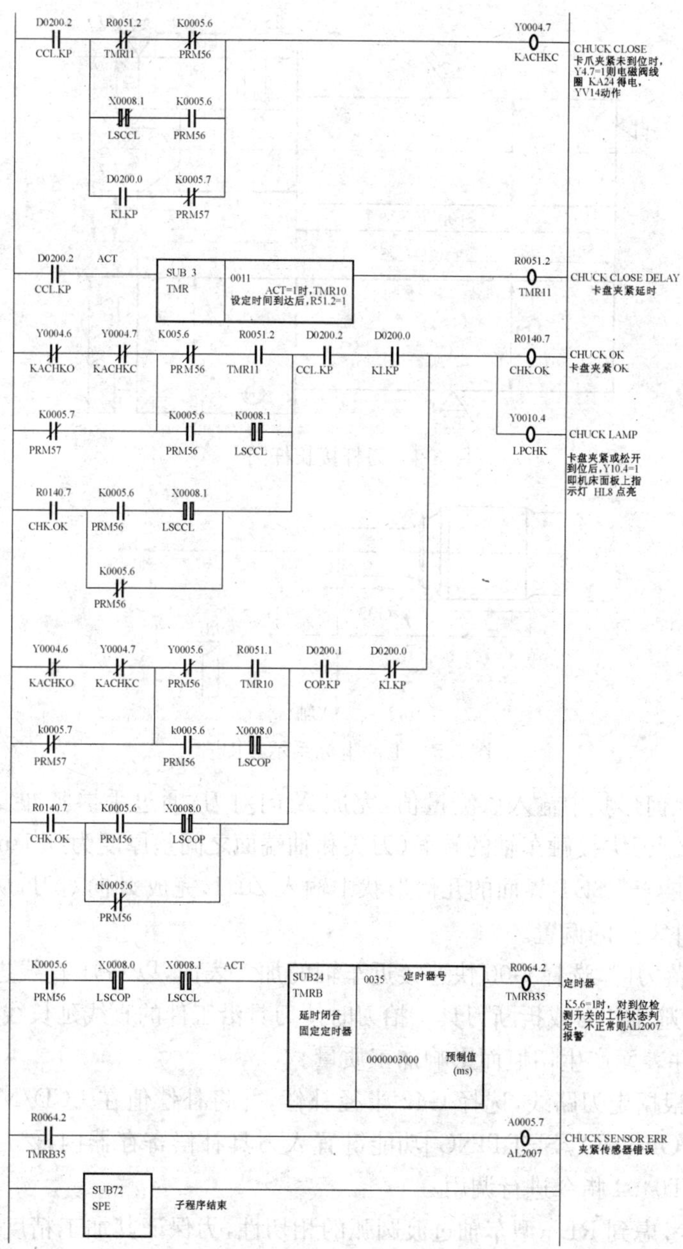


图 3-3（4） 卧式数控车床液压卡盘的 PMC 梯形图

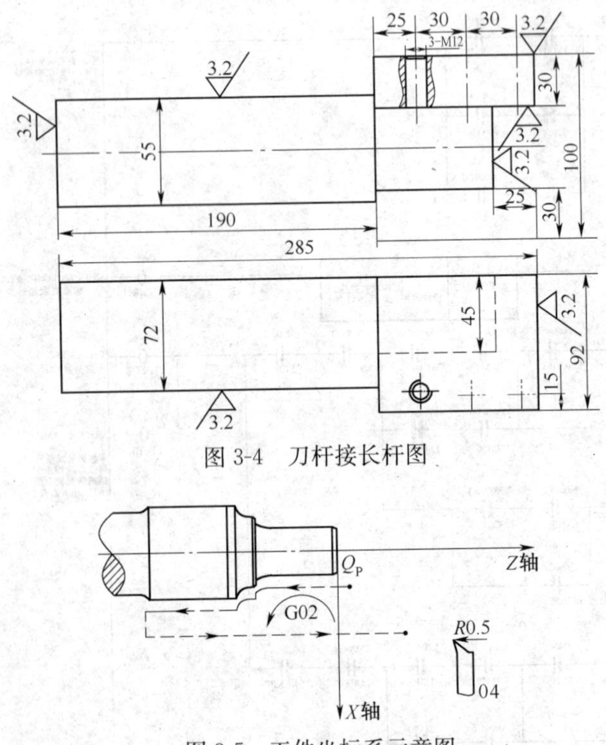


图 3-4　刀杆接长杆图

图 3-5　工件坐标系示意图

界面的几何形状中输入该测量值，完成 $X$ 向对刀；通过手摇脉冲发生器 MPG 控制刀尖接触车轴的端面（刀尖和轴端面之间垫厚度为 0.1 mm 的白纸），在 OFFSET 界面的几何形状中输入 Z0.1，完成 $Z$ 向对刀，从而完成了工件零点的偏置。

4. 落刀时，选择 G00 快速接近车轴的加工表面，以 G01 直线进给切入工件，避免扎刀或折断刀具。抬刀时使刀具沿工件的直线延长线切出，防止零件表面产生切痕而影响加工质量。

5. 根据走刀路线，选择 G42 半径补偿，并将补偿值在 LCD/MDI 面板上用［OFFSET/SETTING］功能键置入刀具补偿寄存器内，然后在程序中用 T0404 指令进行调用。

6. 考虑到 $RE_{2B}$型车轴过渡圆弧的相切性，为保证其加工精度，依据前面半精车加工的尺寸控制要求，采用计算机软件绘图取点的方式来确定各基点的坐标值。根据点的坐标值,依据 CNC 机床许可的指令代码完成加工程序的编辑,并通过 LCD/MDI 面板上的功能键和操作键直接将加工程序输入,也可经由 RS-232 串行通信端口或者使用 CF 卡将加工程序导入 CNC 系统中。使用 CF 卡在 ALL IO 画面进行加工程序的输入/输出(见图 3-6)操作如下:

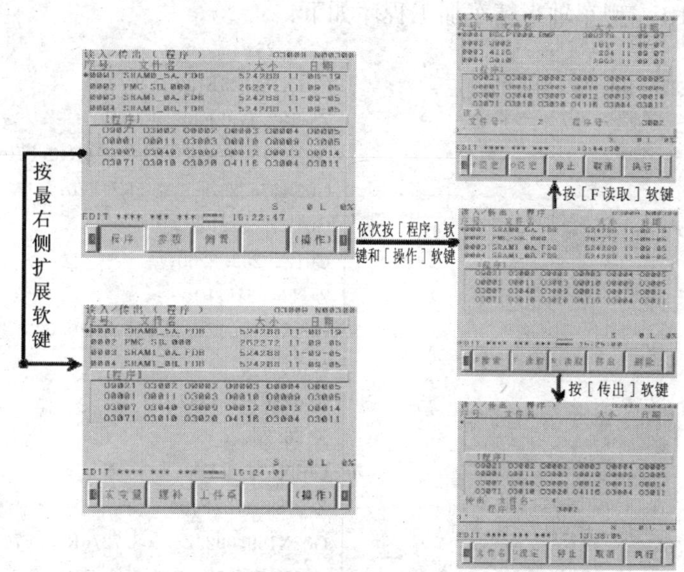

图 3-6　CF 卡在 ALL IO 画面下输出/输入加工程序

(1) ALL IO 画面的显示:CNC 系统处于 EDIT 编辑模式→按 MDI 面板上[SYSTEM]功能键→按最右侧扩展[▶]软键→按[ALL IO]软键显示 ALL IO 画面。

(2) 加工程序的输出:ALL IO 画面→按[操作]软键→[程序]软键→[操作]软键进入"读入/传出(程序)"画面→[传出]软键显示输出程序的操作画面→MDI 面板上输入待传出程序在存储卡内的文件名(如 4)并按[文件名]软键→MDI 面板上输入待传出程序在系统内的文件名(如 3002)并按[O 设定]软键→按[执行]软键→完成加工程序的输出。

(3) 加工程序的输入:ALL IO 画面→按[操作]软键→[程序]软键→[操作]软键进入"读入/传出(程序)"画面→[F 读取]软键显示输入程序的操作画面→MDI 面板上输入待读入程序在存储卡内序号(如 2)并按

[F 设定]软键→MDI 面板上输入待读入程序在系统内的文件名(如3002)并按[O 设定]软键→按[执行]软键→完成加工程序的输入。

7. 在 AUTO 模式下，按下 MDI 面板上[GRPHA]功能键，进行仿真绘图，以验证程序的正确性。为了掌握工件的加工精度和准确度，还需要进行首件试切。

8. $RE_{2B}$型车轴半精车加工程序如下：

```
%
:0212(RE2B－152.25－212.05)；
M31；
M10；
G40；
G28U0；
G28W0；
T0404；
M08；
G97S350M03；
G00Z1.0；
X175.0；
G98；
X155.；
G01X149.85F200；
G42Z0.；
G03X152.25Z－1.2R1.2F120；
G01Z－176.1762F120；
N1；
X160.25F300；
Z－180.1762F100；
G02X177.0922Z－204.7276R40.F70；
G02X180.25Z－205.5R2.F70；
G01X190.25F80；
Z－258.F250；
Z－262.5192F150；
G02X212.05Z－285.6534R30.F70；
N2；
G00Z－176.1762；
X160.25；
G01X156.25F100；
Z－182.1762F80；
G02X173.0922Z－206.7276R40.F70；
G02X176.25Z－207.5R2.F70；
G01X186.25F80；
G01Z－262.F250；
Z－264.5192F100；
G02X212.05Z－289.1686R30.F70；
N3；
G00Z－174.1762；
X156.25；
G01X152.25F80；
Z－184.1762F100；
G02X169.0922Z－208.7276R40.F70；
G02X172.25Z－209.5R2.F70；
G01X178.65F80；
X182.35Z－211.3F120；
G01Z－266.5192F120；
G02X210.3632Z－291.932R30.F70；
G03X212.05Z－293.4568R1.8；
G01X212.05Z－481.F100；
G40M09；
G28U0G28W0M05；
T0400；
M11；
M32；
M30；
%
```

### 3.1.2 车轴轴端三孔加工设备

选择沈阳兴业机床有限公司生产的 SJX-9013 钻扩攻组合机床(见图 3-7)进行 $RE_{2B}$型车轴轴端三孔钻孔、扩孔和攻丝的复合加工,可单端加工,也可双端同时加工。双端加工时双班制 1 台机床既可满足日产 20 辆份 $RE_{2B}$型车轴的任务。

图 3-7 SJX－9013 钻扩攻组合机床

该机床的结构分为三大部分:中间是一个通长的导轨座,其上有两个自定心夹紧的夹具,同时还有能上升和下降的预定位装置,夹具及升降台在导轨上可左右移动,以适应轴全长不等的车轴加工;夹具两端为三工位十字滑台,其上是动力箱和主轴箱,钻扩主轴箱前装有刀具和高精度的钻模板,独立运动的攻丝主轴箱能通过推动主轴箱在直线滚动导轨上与丝锥做同步运动。机床的主要性能参数见表 3-1。

结合 $RE_{2B}$型车轴的性能和该机床要求,选择 $\phi$20 锥柄麻花钻头钻孔、$\phi$21～$\phi$21.1 复合铰刀扩孔和 M24-6H 直柄内冷丝锥攻丝。为降低切削温度和提高刀具的耐用度,使用水基切削液。

**表 3-1 SJX-9013 钻扩攻组合机床主要性能参数**

| 序号 | 参数明细 | 参数值 |
|---|---|---|
| 1 | 机床中心高 | 1 265 mm |
| 2 | 横向滑台最大行程 | 540 mm,限定 226 mm 和 302 mm |
| 3 | 纵向滑台最大行程 | 500 mm,攻丝行程 90 mm |
| 4 | 可加工车辆轮轴的长度 | 2～2.4 m |

续上表

| 序号 | 参数明细 | 参数值 |
|---|---|---|
| 5 | 可加工车辆轮轴的直径 | 颈部 $\phi$130～$\phi$150 mm |
| | | 台阶部 $\phi$194～$\phi$230 mm |
| 6 | 主轴转数 | 钻孔 237 r/min |
| | | 扩孔 193 r/min |
| | | 攻丝 47 r/min |

### 3.1.3　车轴精车加工设备

选择台湾优冈机床公司生产的 LC34★3000 卧式数控车床(FANUC 18T 系统)进行 $RE_{2B}$型车轴的精车加工。依据前面设置的工序余量，将车轴轴颈根部和防尘板座根部及防尘板座分为两刀完成切削，加工一根车轴需 8 min，双班作业即可满足日产 20 辆份 $RE_{2B}$型车轴的任务。

图 3-8　LC34★3000 卧式数控车床

1. $RE_{2B}$型车轴的精车为双端加工，采用两顶一拨盘的方式装夹工件；主轴端为自动拨盘(见图 3-9)的三铜销插入 $RE_{2B}$型车轴轴端三孔内，依靠尾座顶尖的压力顶紧工件，使工件随主轴运转而旋转。

2. 结合 $RE_{2B}$型车轴的性能和 CNC 机床要求，选择 MTJNL3232 和 MTJNR3232 刀杆及 KC9110 刀片，并设计与半精车加工相同的刀杆接长杆。为降低切削温度和提高刀具的耐用度，并考虑环境保护，采用高压风进行冷却。

3. 以 $RE_{2B}$型车轴的设计基准为试切对刀点，轴线为 $Z$ 轴，端面为 $X$ 轴，点 $Q_P$ 即工件坐标系原点(编程原点)。试切车轴的轴颈，用外颈千分

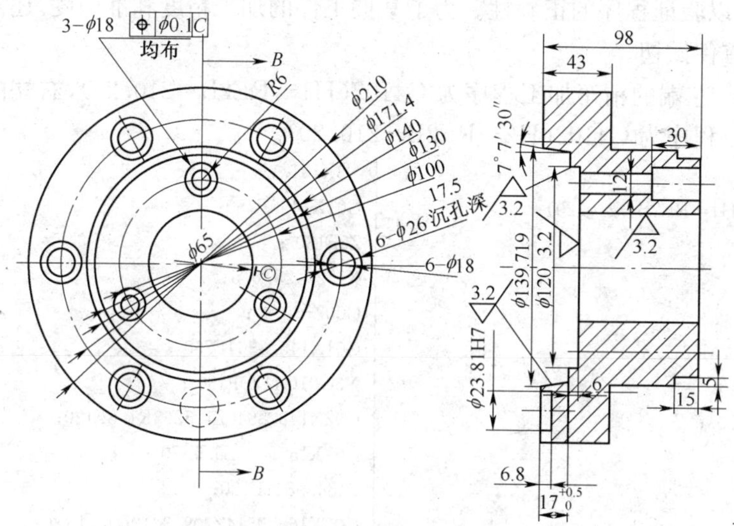


图 3-9　$RE_{2B}$型车轴自动拨盘(亦适合 $RD_2$ 型车轴)

尺测得试切处的轴颈直径尺寸,在 LCD 屏幕上 OFFSET 界面的几何形状中输入该测量值,完成 $X$ 向对刀;通过手摇脉冲发生器 MPG 控制刀尖接触车轴的端面(刀尖和轴端面之间垫厚度为 0.1 mm 的白纸),在 OFFSET 界面的几何形状中输入 Z0.1,完成 $Z$ 向对刀,从而完成了工件零点的偏置。注:左右两端分别进行试切对刀。

4. 落刀时,选择 G00 快速接近车轴的加工表面,以 G01 直线进给切入工件,避免扎刀或折断刀具。抬刀时使刀具沿工件的直线延长线切出,防止零件表面产生切痕而影响加工质量。

5. 根据走刀路线,选择 G41(主轴端)和 G42(尾座端)半径补偿,LCD/MDI 面板上用[OFFSET/SETTING]功能键置入刀具补偿寄存器内,然后在程序中用 T0101 指令进行调用。

6. 考虑到 $RE_{2B}$型车轴过渡圆弧的相切性,为保证其加工精度,采用计算机软件绘图取点的方式来确定各基点的坐标值。根据点的坐标值,依据 CNC 机床许可的指令代码完成加工程序的编辑,并通过 LCD/MDI 面板上的功能键和操作键直接将加工程序输入,也可经由 RS-232 串行通信端口或者使用 CF 卡将加工程序导入 CNC 系统中。

7. 在 AUTO 模式下,按下 MDI 面板上[GRPHA]功能键,进行仿真绘图,以验证程序的正确性。为了掌握工件的加工精度和准确度,还需要进行首件试切。

8. 左端的精车加工程序为 O4102(H1－RE2B－210.20),右端的精车加工程序为 O4102(H2－RE2B－210.20)。

```
%
:4102(H1－RE2B－210.20);
M100 ;
M101 ;
G40;
G97S450M03;
T0101;
G00X250.;
Z209.9 ;
X187.;
M102 ;
G98;
N1G01X182.F300 ;
X180.;
X170.8F100 ;
Z184.F130;
G00X160.;
G01X155.F130 ;
G01X152.425F100;
Z184.7841F170;
G03X168.9514Z209.131R40.F100;
G03X172.59Z209.9R2.0 ;
G01X182.425F130;
Z267.7056F170;
G03X208.2306Z292.3568R30.F100;
G01X212.2Z306.2F100;
G00X250.Z－0.4;
G04X6.0;
%
:4102(H2－RE2B－210.20);
M100 ;
M101;
N3X151.;
G01X149.F250;
Z0F130 ;
X152.425Z6.5;
G00Z－0.4 ;
G01X145.3364F250 ;
N3G01G41Z0F130 ;
G02X148.8946Z1.5263R1.8F120;
G01X150.425Z6.5F70 ;
Z184.9841F130;
G03X166.9514Z209.3310R40.F120;
G03X170.5914Z210.1R2.0 ;
G01X177.425Z210.1F130;
X180.425Z211.6 ;
X180.425Z267.9056;
G03X206.2306Z292.5568R30.F120;
G02X208.9738Z295.0143R3.2;
G01X210.10Z306.4F75;
X210.08Z480.F130 ;
G00X220.;
G40;
M103 ;
G00X310.Z－0.4M05;
T0100;
M104;
M30;
%
G40;
T0101;
G00X250.0;
Z－209.9;
```

```
X187.;
M102;
N1G98;
G01X182.F300;
X180.;
X170.8F100;
Z-184.F130;
G00X160.;
N2G01X155.F130;
G01X152.425F100;
Z-184.7841F130;
G02X168.95Z-209.1310R40.F100;
G02X172.5914Z-209.9R2.;
G01X182.425F130;
Z-267.7056;
G02X208.2306Z-292.3568R30F100;
G01X212.2Z-306.2F100;
G00X250.0Z5.0;
N3X151.;
G01X149.0F130;
Z0;
X152.425Z-6.5;
G00Z5.0;
G01X145.3364F180;
G42Z0;
G03X148.8946Z-1.5263R1.8F120;
G01X150.425Z-6.5F70;
X150.450Z-184.9841F130;
G02X166.9514Z-209.331R40.F120;
G02X170.5914Z-210.1R2.;
G01X177.425Z-210.1F130;
X180.475Z-211.6;
X180.48Z-267.8256;
G02X206.2306Z-292.4768R30F120;
G03X208.9738Z-294.9343R3.2;
G01X210.17Z-306.4F75;
X210.19Z-481.F130;
G00X220.;
G40;
M103;
G00X310.0Z5.0M05;
T0100;
M104;
M30;
%
```

### 3.1.4 车轴成型磨削加工设备

考虑成型磨削一根 $RE_{2B}$型车轴需 15～22 min，该厂为满足日产 20 辆份车轴的任务而配置了两台成型数控磨床。

1. 两台成型数控磨床的结构特性

(1) 美国西蒙斯 SIMMONS480-2 轴成型磨床（FANUC 18T 系统，见图 3-10）使用规格为 30″×12.787″×20″—29A60145 m/s 的粘接结构的磨削砂轮，属直进切入方式磨削。该磨床早期采用修整电动机带动金刚修整轮（见图 3-11），CNC 系统根据砂轮修整程序指令控制伺服轴的动作，从而修整出与 $RE_{2B}$型车轴被磨削部位相吻合的砂轮形状；后来由于修整机构损坏无法修复而对其进行了改造，并为此申请了实用新型专利。该磨床使用 Marposs E9 在线径向测量仪直接监控磨削过程中车轴轴颈的尺寸变化，间接控制防尘板座的直径尺寸；并采用配置了 M18-4 INTERFACE BOARD 的硬线连接 RENISHAW LP2 感应式测头（见图 3-12）进行车轴端面的定位（$Z$ 向）测量。

图 3-10　SIMMONS480-2 轴成型数控磨床

图 3-11　原修整机构用金刚修整轮

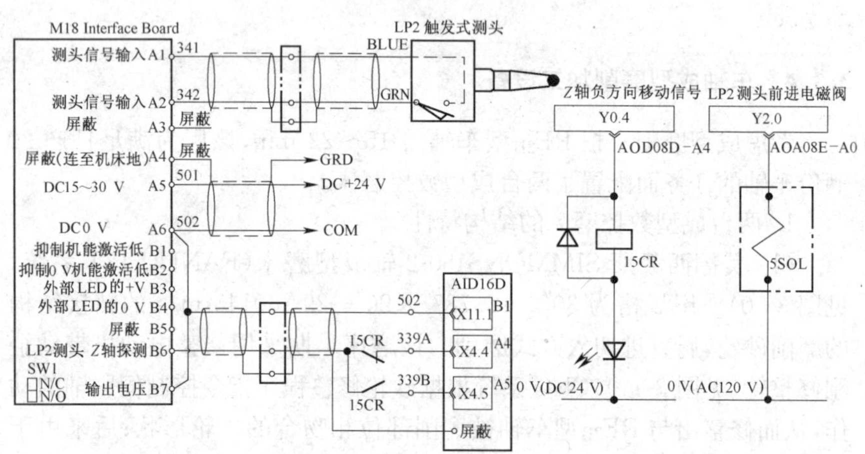


图 3-12　RENISHAW LP2 感应式测头的控制线路图

(2) 德国肖特公司生产的 PF61-S3000 成型磨床(SINUMERIK 840D 系统,见图 3-13)使用规格为 $\phi$900×290×304.8—19A60LVS45 m/s 的整体结构的磨削砂轮,属 20°斜进切入方式磨削;且采用由较小天然金刚石颗粒人为排列烧结而成的片状金刚笔(见图 3-14)修整磨削砂轮。CNC 系统根据砂轮修整程序指令控制伺服轴动作,从而修整出 $RE_{2B}$ 型车轴被磨削部位相吻合的砂轮形状。该磨床使用 Marposs P5 在线径向测量仪直接监控磨削过程中车轴轴颈的尺寸变化,间接控制防尘板座的直径尺寸;并采用配置了 E32R 接口板的硬线连接 Marposs T25G 接触式测头(见图 3-15)进行车轴端面的定位($Z$ 轴)。

图 3-13 PF61－S3000 成型数控磨床

2. 装夹方式:这两台成型数控磨床均采用两顶一拨盘的方式装夹 $RE_{2B}$ 型车轴,拨盘的形状与 LC34★3000 卧式数控车床的自动拨盘类似,磨削过程中车轴和砂轮的转速可通过相应的参数进行优化调整。

图 3-14 片状金刚笔

3. 磨削宏程序:这两台成型磨床的磨削主程序均是由机床制造厂家采用宏程序编辑的,操作者可根据机床说明书和产品规格及相应技术数据进行机床参数的设定,并调用相应的磨削主程序即可。在此给出 SIMMONS480-2 轴成型数控磨床的磨削主程序及调用的子程序供读者参考学习。说明:分号后的内容是程序段的注解。

:9001 (GRIND PROGRAM);SIMMONS480-2 轴成型数控磨床的 $RE_{2B}$型车轴磨削主程序
N01 M47;尾座顶尖自动顶紧工件。

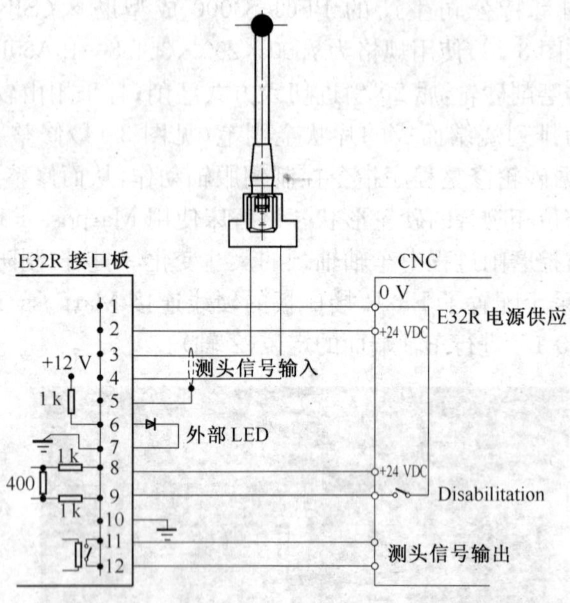

图 3-15　Marposs T25G 接触式测头的控制线路图

N05 G94;每分钟进给。

N10 ＃502=0;

N30 IF[＃500LT＃115]GOTO48;若＃500<＃115 则跳至 N48 句,即未到设定的磨削根数,程序执行 Z 轴纵向定位程序 O9004 后,继续磨削。若＃500≥＃115 则执行砂轮修整程序 O9002 进行磨削砂轮的修整。其中 var＃115 为 grind cycles before dress = 8,即每磨削 4 根 $RE_{2B}$型车轴修整砂轮 1 次。

N40 G65P9002A＃116B＃117C＃118I＃103J＃119;非模态调用砂轮修整程序 O9002,并指定相应的自变量(自变量使用类别依据使用的字母自动确定)。A = ＃1 = var＃116 dress amount pass = 0.02 mm,即半径值方式下每次进刀的修整量。B = ＃2 = var ＃117 number of dress passes = 1,即执行 1 次砂轮修整程序可连续修砂轮的次数为 1 次。C = ＃3 = var＃118 x retract amount to clear contour = 75.0,即指定每次修整结束后伺服 X 轴后退的距离,避免后续动作——金刚笔/Z 轴安全退回至起始位置时碰撞砂轮。I = ＃4 = var＃103 x safe retract position = 900.0 mm,即伺服 X 轴远离工作台的安全退回位置。J = ＃5 = var＃119 dress contour program number = 23,即砂轮修整时调用的修整子程序号为 00023。

N50 IF[＃5021GE＃103]GOTO70;若机床坐标系 X 轴的当前位置值＃5021 ≥ var＃103 = 900.0 mm(X 轴远离工作台的安全退回位置),则程序跳至 N70 句而执行 Z 轴纵向定位程序 O9004。

N60 G90G53X＃103；绝对坐标方式下 X 轴快速移动至机械坐标系的安全位置 900.0 mm 处，I ＝ ＃4 ＝ var＃103 x safe retract position ＝ 900.0 mm，即伺服 X 轴远离工作台的安全退回位置。

N70 G65P9004A＃120B＃121I＃103J＃122K＃123D＃124E＃125F＃126H＃127；非模态调用 Z 轴纵向定位程序 O9004，并指定相应的自变量（自变量使用类别依据使用的字母自动确定）。A ＝ ＃1 ＝ var＃120 z position at start of probe cycle ＝ 2150.895 mm，即探测循环开始时 LP2 测头的 Z 轴位置。B ＝ ＃2 ＝ var＃121 x position at start of probe cycle ＝694.052 mm，即探测循环开始时 LP2 测头的 X 轴位置。I ＝ ＃4 ＝ var＃103 x safe retract position ＝ 900.0 mm，即伺服 X 轴远离工作台的安全退回位置。J ＝ ＃5 ＝ var＃122 probe rapid feedrate ＝ 205.0 mm/min，即 LP2 测头快速进给的速度为 205 mm/min。K ＝ ＃6 ＝ var＃123 probe feedrate ＝ 12.5 mm/min，即 LP2 测头切削进给的速度为 12.5 mm/min。D ＝ ＃7 ＝ var＃124 probe advance distance ＝ 6.5 mm，即 LP2 测头可前进的距离为 6.5 mm。E ＝ ＃8 ＝ var＃125 probe retract distance ＝ 1 mm，即 LP2 测头可后退的距离为 1 mm。F ＝ ＃9 ＝ var＃126 shoulder dimension ＝ 0.05 mm，即轴肩/Z 轴磨削的偏移两位 0.05 mm，俗称靠立面。H ＝ ＃11 ＝ var＃127 probe actual position ＝ －189.410 mm，即 LP2 测头的实际位置。

N80 IF[＃5021GE＃103]GOTO100；若机床坐标系 X 轴的当前位置值＃5021 ≥ var＃103 ＝ 900.0 mm（X 轴远离工作台的安全退回位置），则程序跳至 N100 句而进行砂轮转速的 PMC 控制。

N90 G90G53X＃103；绝对坐标方式下 X 轴快速移动至机械坐标系的安全位置 900.0 mm 处，I ＝ ＃4 ＝ var＃103 x safe retract position ＝ 900.0 mm，即伺服 X 轴远离工作台的安全退回位置。

N100 ＃501＝ROUND[19098.6＊＃114/＃2001]；var＃2001 读取 X 轴刀具的补偿值，var＃114 grinding wheel surface speed ＝ 43.2 m/s（砂轮表面线速度），＃501＝ROUND[]是将算式结果四舍五入成整数后赋值给＃501，以实现砂轮主轴/C 轴旋转速度的 PMC 控制。

N110 S＃501；即用 S 代码指令砂轮主轴/C 轴的转速。

N122 M13；用 M 代码控制头架 A 轴（即工件）顺时针转动。

N123 M＃113；用 M 代码设定头架 A 轴（即工件）的转动速度，var＃113 headstock speed m－function＝61。

N130 ＃505＝＃107＋[[＃104－＃106]＊TAN[＃102]/2]；该计算式中 var＃104 x rapid approach position ＝ 151.5 mm，即 X 轴/砂轮快速到达的位置。var＃106 x final size ＝ 150.068 mm，即 X 轴（车轴轴颈）的最终尺寸。var＃102 plunge angle ＝ 30°，即砂轮与车轴接触前成 30°切入。var＃107 z final size ＝ 0 mm，即 Z 轴的最终尺寸。如此＃505＝0＋(151.5－150.068)＊TAN15≈0.384。

N140 G55G00Z＃505T01H01；Z轴快速进给至工件坐标系下Z0.384，调用砂轮和01号刀具补偿器内的补偿值。

N142 M08；磨削液开。

N150 X＃104；X轴/砂轮快速进给至车轴表面附近的X151.5 mm处，var＃104 x rapid approach position = 151.5mm，即X轴/砂轮快速到达的位置。

N160 ＃506=＃107+[[＃105-＃106]*TAN[＃102]/2]；该计算式中var＃105 X gage position = 150.268，即X轴径向量仪的位置为车轴轴颈直径的到限尺寸+0.2 mm。var＃106 x final size = 150.068mm，即X轴（车轴轴颈）的最终尺寸。var＃102 plunge angle = 30°，即砂轮与车轴接触前成30°切入。var＃107 z final size = 0 mm，即Z轴的最终尺寸。如此 ＃506=0+(150.268-150.068)*TAN15≈0.054。

N168 M90；启动消除间隙监控器。

N170 G31X＃105Z＃506F＃108；跳跃机能下以var＃108指定的进给速度直线进给至X＃105Z＃506处。var＃105 X gage position = 150.268，即X轴径向量仪的位置为车轴轴颈直径的到限尺寸+0.2 mm。var＃118 gap grind feedrate = 12.5 mm/min，即间隙磨削进给速度。

N180 G01X＃105Z＃506F＃109；以var＃109指定的进给速度直线进给至X＃105Z＃506处。var＃105 X gage position = 150.268，即X轴径向量仪的位置为车轴轴颈直径的到限尺寸+0.2 mm。var＃109 fast grind federate = 0.32 mm/min，即快速磨削进给速度。

N190 M40；用M代码控制直径量规＃1～＃4的接通，该磨床可同时安装4组径向量仪测头（轴颈部位安装3组、防尘板座部位安装1组），但实际仅安装了1组径向量仪测头，通过直接测量轴颈的直径尺寸而间接控制防尘板座的直径尺寸。

N200 M31；用M代码控制直径量规＃1前进以接近工件。

N210 M81；用M代码控制直径量规进行粗磨削。

N212 G04X.25；暂停0.25秒等待Marposs E9的粗磨削信号接通

N220 G31X＃106Z＃107F＃109；跳跃机能下以var＃109指定的进给速度直线进给至X＃106Z＃107处。var＃106 x final size = 150.068 mm，即X轴（车轴轴颈）的最终尺寸。var＃107 z final size = 0 mm，即Z轴的最终尺寸。var＃109 fast grind federate = 0.18 mm/min，即快速磨削速度。

N230 M82；用M代码控制直径量规进行半精磨削。

N232 G04X.25；暂停0.25 s等待Marposs E9的半精磨削信号接通

N240 G31X＃106Z＃107F＃110；跳跃机能下以var＃110指定的进给速度直线进给至X＃106Z＃107处。var＃106 x final size = 150.068 mm，即X轴（车轴轴颈）的最终尺寸。var＃107 z final size = 0 mm，即Z轴的最终尺寸。Var＃110 medium grind feedrate = 0.12 mm/min，即中速磨削速度。

N250 M83；用M代码控制直径量规进行精磨削。

N252 G04X.25；暂停0.25 s等待Marposs E9的精磨削信号接通

N260 G31X＃106Z＃107F＃111；跳跃机能下以 var＃111 指定的进给速度直线进给至 X＃106Z＃107 处。var＃106 x final size ＝ 150.068 mm，即 X 轴(车轴轴颈)的最终尺寸。var＃107 z final size ＝ 0 mm，即 Z 轴的最终尺寸。Var＃111 slow grind feedrate ＝ 0.1 mm/min，即慢速磨削速度。

N270 M84M76；用 M 代码控制直径量规进行无火花磨削，M76 为头架转速控制。

N280 G01Z＃107F＃110；以 var＃110 指定的进给速度直线进给至 Z＃107 处。var＃107 z final size ＝ 0 mm，即 Z 轴的最终尺寸。var＃110 medium grind feedrate ＝ 0.12 mm/min，即中速磨削速度。

N290 G04X＃112；暂停，时间为 var＃112 dwell time in pick/dwell mode ＝ 1.0 s，即执行微量进给间隙磨削。

N295 IF[＃502EQ1]GOTO320；若＃502 ＝1 则跳至 N320 句，说明 1 次完整的磨削完毕。

N297 IF[＃5041LE[＃106＋＃2001]]GOTO311；若工件坐标系 X 轴的当前位置值＃5041≤[＃106＋＃2001]，则跳至 N311 句。var＃2001 读取 X 轴刀具的补偿值，var＃106 x final size ＝ 150.068 mm，即 X 轴(车轴轴颈)的最终尺寸。

N300 G91X－0.001；增量坐标方式下 X 轴远离轴颈表面 0.001 mm。

N310 GOTO290；返回 N290 句，继续执行微量进给间隙磨削。

N311 ＃140＝1；

N320 ＃500＝＃500＋1；即 var＃500 自动＋1，直至 var＃500＜var＃115。var＃115 grind cycles before dress ＝ 8，每磨削 4 根 $RE_{2B}$型车轴修整砂轮 1 次。

N322 M45；用 M 代码控制直径量规＃1－＃4 关断。

N326 G90G55G01F12.5X＃104Z＃505M35T01H01；绝对坐标方式下以 12.5 mm/min 的进给速度回退至工件坐标下的 X＃104Z＃505 处，然后直径量规＃1 退回而离开车轴轴颈。var＃104 x rapid approach position ＝ 151.5 mm，即 X 轴/砂轮快速到达的位置。＃505＝＃107＋[[＃104－＃106]＊TAN[＃102]/2]，式中 var＃106 x final size ＝ 150.068 mm，var＃102 plunge angle ＝ 30°，从而＃505＝0＋(151.5－150.068)＊TAN15≈0.384。

N328 M09M91；关闭磨削液和间隙消除监控器。

N330 M15；头架/A 轴停止转动。

N340 G53X＃103；绝对坐标方式下 X 轴快速移动至机械坐标系的安全位置 900.0 mm 处。var＃103 x safe retract position ＝ 900.0 mm，即伺服 X 轴远离工作台的安全退回位置。

N350 G53Z＃101；绝对坐标方式下 Z 轴快速移动至机械坐标系的安全位置 2610.0 mm 处，以方便装卸 $RE_{2B}$型车轴为原则。var＃101 Z load position ＝ 2610.0 mm。

N351 M46；尾座顶尖自动退回。

N360 M30；程序结束并返回程序头。

＊＊＊＊＊＊＊＊＊＊＊＊＊＊＊＊＊＊＊＊＊＊＊＊＊＊＊＊＊＊＊＊＊＊＊＊＊

* * * * * * * * * * * * * * * * * * * * * * * * * * * * * * * * * * * * * * * *

:9002(DRESS MACRO);$RE_{2B}$型车轴的成型砂轮修整宏程序。

N2 ＃503=0;

N08 G94;每分钟进给。

N10 IF[＃5021GE＃4]GOTO40;若机床坐标系 X 轴的当前位置值＃5021≥＃4 = var＃103 x safe retract position=900.0 mm(X 轴安全退回点),则跳至 N40 句。

N20 G90G53X＃4;绝对坐标方式下 X 轴快速移动至机械坐标系的安全位置 900 mm 处。＃4 = var＃103 x safe retract position = 900.0 mm,即伺服 X 轴远离工作台的安全退回位置。

N40 ＃501=ROUND[19098.6＊＃114/＃2001];var＃2001 读取 X 轴刀具的补偿值,var＃114 grinding wheel surface speed = 43.2m/s(砂轮表面线速度),＃501=ROUND[]是将算式结果四舍五入成整数后赋值给＃501,以实现砂轮主轴/C 轴旋转速度的 PMC 控制。

N045 ＃501=[＃501＊0.765];

N50 S＃501;即用 S 代码指令砂轮主轴/C 轴的转速。

N80 ＃2001=＃2001－2＊＃1;var＃2001 读取 X 轴刀具的补偿值,＃1 = var＃116 dress amount pass = 0.02 mm,即半径值方式下每次进刀的修整量。每修砂轮 1 次 X 轴的机械坐标值自动递减 2＊＃1 =0.04 mm。

N82 ＃2101=＃2101－＃1;var＃2101 读取 Z 轴刀具的补偿值,1 = var＃116 dress amount pass = 0.02 mm,即半径值方式下每次进刀的修整量。每修砂轮 1 次 Z 轴的机械坐标值自动递减＃1 = 0.02 mm,砂轮的宽度变窄(控制 Z 轴是否移动)。

N90 G90G56T01H01;绝对坐标方式下提取金刚笔坐标系中 0101 号寄存器中的补偿值。

N100 M98P＃5;调用 $RE_{2B}$型车轴的砂轮修整子程序,J = ＃5 = var＃119 dresscontour program number = 0023。

N110 ＃503=＃503＋1;自 0 起自动＋1,直至 var＃503≥＃2 时结束。

N130 G91G00X[2＊3];增量坐标方式下 X 轴快速移动至 2＊＃3=2＊75=150 mm 处,其中＃3 = var＃118 x retract amount to clear contour =75 mm,即每次修整结束时 X 轴后退的距离,以使 Z 轴安全退回起始点。2007－03-14 将该磨床的修整机构由金刚修整轮改为片状金刚笔后,该程序段需被删掉。

N140 IF[＃503LT＃2]GOTO80;若＃503＜＃2 = var＃117,则跳至 N80 句继续执行砂轮的修整(＃503 自 0 起自动＋1)。B = ＃2 = var＃117 number of dress passes = 1,即执行 1 次砂轮修整程序可连续修砂轮的次数为 1 次。

N150 G90G53X＃4;绝对坐标方式下 X 轴快速退至机械坐标系的安全位置 900 mm 处,＃4 = var＃103 x safe retract position。

N160 M19;关闭金刚修整器的冷却液,2007—03—14 将该磨床的修整机构由金刚修整轮改为片状金刚笔后,该程序段需被删掉。

N165 M09;关闭砂轮表面的冷却液。

N170 M21;停止金刚修整轮的旋转,2007—03—14 将该磨床的修整机构由金刚修整轮改为片状金刚笔后,该程序段需被删掉。

N172 ＃500=0。

N180 M99;子程序结束。

* * * * * * * * * * * * * * * * * * * * * * * * * * * * * * * * * * * * *

* * * * * * * * * * * * * * * * * * * * * * * * * * * * * * * * * * * * *

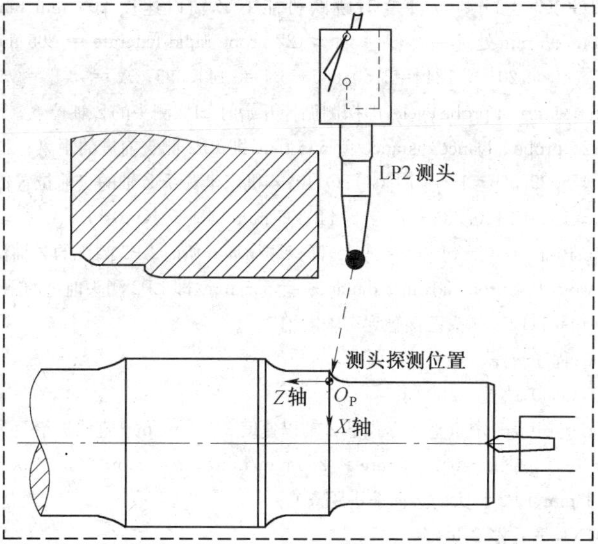

LP2 测头

测头探测位置

Z 轴 $O_P$

X 轴

图 3-16 RENISHAW LP2 感应式测头的探测位置示意图

:9004 (PROBE MACRO);LP2 测头纵向(Z 轴)定位程序,其探测位置见图 3-16 所示。

N01 G94T0H0;每分钟进给。

N02 ＃149=0;LP2 测头未接触车轴的轴肩。

N04 ＃5221=0;X 轴 G54 工件零点的偏置值为 0。

N06 ＃5222=0;Z 轴 G54 工件零点的偏置值为 0。

N10 IF[＃5021GE＃4]GOTO30;若机床坐标系 X 轴的当前位置值＃5021≥＃4 = var＃103 x safe retract position=900 mm(X 轴安全退回点),则跳至 N30 句。

N20 G90G54G00X＃4;绝对坐标方式下 X 轴快速移动至 LP2 测头坐标系下的 900 mm 处,＃4 = var＃103 x safe retract position。

N30 M45;用 M 代码控制直径量规＃1－＃4 关断。

N40 M35;直径量规＃1 退回。

N50 G90G54G00Z＃1;绝对坐标方式下 Z 轴快速移动至 LP2 测头坐标系下的 2150.895 mm 处。A = ＃1 = var＃120 Z position at start of probe cycle,即探测循环开始时 LP2 测头

的Z轴位置。

N60 M48;M代码控制LP2测头前进。

N065 G04X1.5;暂停1.5 s等待LP2测头前进到位。

N70 X#2;绝对坐标方式下X轴快速移动至694.052 mm处。B = #2 = var#121 X position at start of probe cycle,即探测循环开始时LP2测头的X轴位置。

N80 M85;用M代码控制LP2测头开始监测。

N90 G04X1.5;暂停1.5 s以确保测头信号回馈至数控装置中。

N100 G31G01Z[#1-#7]F#5;跳跃机能下Z轴以速度205 mm/min直线进给至2144.395 mm处,J = #5 = var#122 probe rapid federate = 205 mm/min,[#1-#7]=[#120-#124]=2150.895-6.5=2144.395。A = #1 = var#120 Z position at start of probe cycle,即探测循环开始时LP2测头的Z轴位置。D = #7 = var#124 probe advance distance = 6.5 mm,即LP2测头前进的距离。

N110 IF[#5022GT[#1-#7]]GOTO140;若机床坐标系Z轴的当前位置值#5022 >[#1-#7] = 2150.895-6.5=2144.395 mm,则跳至N140句。A = #1 = var#120 Z position at start of probe cycle,即探测循环开始时LP2测头的Z轴位置。D = #7 = var#124 probe advance distance = 6.5 mm,即LP2测头前进的距离。

N120 #149=1;LP2测头已接触到车轴的轴肩。

N130 M00;程序暂停。

N132 GOTO250;跳至N250句。

N140 G91Z#8F#5;增量坐标方式下Z轴以速度205 mm/min直线进给至Z1.0处,#5 = var#122 probe rapid federate = 205 mm/min,#8 = var#125 probe retract distance = 1 mm(LP2测头的Z向缩进距离)。

N150 G04X1.5;暂停1.5 s。

N160 G90G31Z[#1-#7]F#6;跳跃机能下Z轴直线进给至Z2144.395 mm处,其中[#1-#7]=2150.895-6.5=2144.395 mm。#6 = var#123 probe federate = 12.5 mm/min,即LP2测头的速度。A = #1 = var#120 Z position at start of probe cycle,即探测循环开始时LP2测头的Z轴位置。D = #7 = var#124 probe advance distance = 6.5 mm,即LP2测头前进的距离。

N170 IF[#5022GT[#1-#7]]GOTO200;若机床坐标系Z轴的当前位置#5022>[#1-#7]=2150.895-6.5=2144.395 mm,则跳至N200句。

N180 #149=1;说明LP2测头已经接触到工件端面或立面。

N190 M00;程序暂停。

N192 GOTO250;跳至N250句。

N200 #5242=#5062+#11-#9;#11= var#127 probe actual position to wheel right side(砂轮右侧LP2测头实际位置)= -189.41 mm,#9 = var#126 shoulder dimension(轴肩磨削偏移值)= 0.05 mm,#5062为LP2测头坐标系的Z轴跳段信号,#5242为第2轴(Z轴)G55工件零点偏置值。

N210 G00Z＃1；绝对坐标方式下 Z 轴快速返回至 Z2150.895 mm 处，其中＃1 ＝ var＃120 Z position at start of probe cycle（探测循环开始时 LP2 测头的 Z 轴位置）＝ 2150.895 mm。

N220 X＃4；绝对坐标方式下 X 轴快速回退至安全位置 X900 mm 处，其中＃4 ＝ var＃103 x safe retract position ＝ 900 mm。

N230 M49；LP2 测头退回

N240 M99；子程序结束

N250 M99P360；

4. 砂轮修整程序的编辑：操作者依据 $RE_{2B}$ 型车轴成品图纸，按照磨床允许的指令代码编辑磨削砂轮的修整程序，然后进行相应的对刀操作，以完成车轴磨削前的准备工作。

(1)修整程序的编辑与廓型修整：修整时视砂轮为工件，在砂轮上建立坐标系，以确定坐标原点 $O_P$（编程原点），并绘图计算各轮廓基点的坐标。SIMMONS480-2 轴成型数控磨床和 PF61-S3000 成型数控磨床的修整示意图分别见图 3-17 和图 3-18。编程人员依据计算得出的基点坐标，按照 CNC 系统许可的指令代码编辑各自的砂轮修整程序。

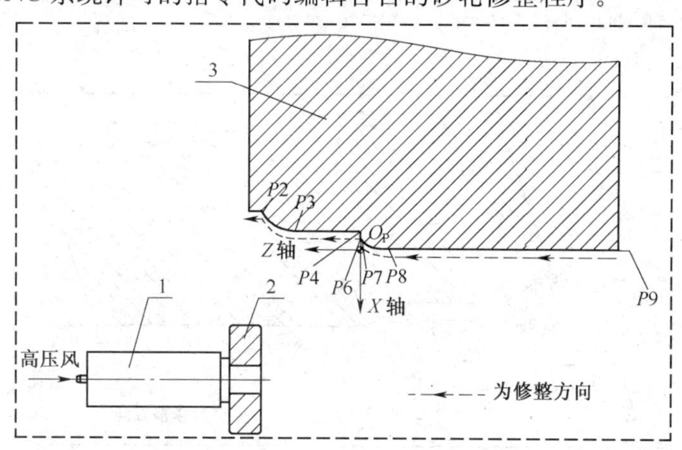


图 3-17　SIMMONS480-2 轴成型磨床修整示意图

1—修整电动机；2—金刚修整轮；3—整体直进式砂轮

另外，修整砂轮前操作者需手动移动修整刀分别靠近 $O_P$ 点的 $X0$ 和 $Z0$，并操作机床面板上的相应按键以完成修整刀具和磨削砂轮之间的对刀操作（建立坐标联系）。设定每次修整量为 0.015～0.08 mm 后单独调用砂轮修整程序完成砂轮廓型的修整。PF61-S3000 成型数控磨床的操作方法与之类似。

SIMMONS480-2 轴成型数控磨床的砂轮修整程序(原修整结构)如下:

```
%
:0023(RE2B-YOU);
N010 G56G90G94G00T01H01Z-245.;
N012 M20M18;
N016 M08;
N020 G00X0.;
N030 G01Z-25.2709F300.;
N040 G02X-16.6924Z-0.8161R40.F140.;
N050 G02X-20.016Z0.R2.;
N060 G01X-30.016Z0.F200.;
N070 Z57.5054;
N080 G02X-63.2598Z84.4809R30.F140.;
N090 G01Z110.6490F200.;
N110 G00X15.;
N120 Z200.;
N130 G40M99;
%
```

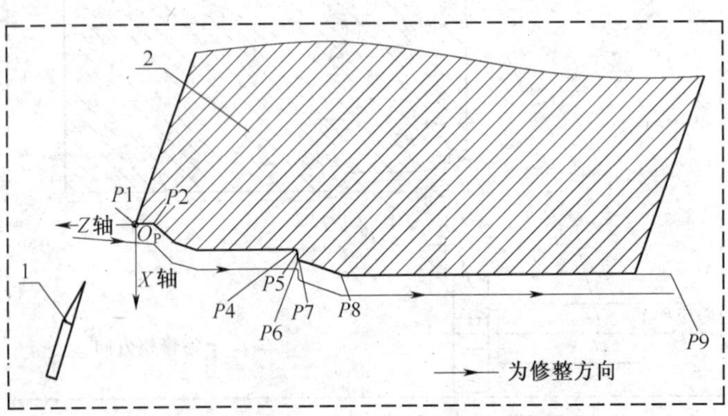


图 3-18 PF61-S3000 成型磨床修整示意图

1—片状金刚笔;2—整体 20°斜进式砂轮

PF61-S3000 成型数控磨床的砂轮修整程序如下:

```
N10 G0G90G500;
N11 Z=5.;
N12 M1=8M2=8;
N1 X=-1.5                              ;P1
```

```
N20 G01Z=0.F200.;
N21 X=0Z=-4.828                              ;P2
N30 G64G03X=29.33Z=-30.3822CR=30.F70.        ;P3
N40 G64G01X=29.330Z=-88.428F120.             ;P4
N60 G64G01X=39.324Z=-88.428                  ;P6
N70 G64G03X=42.659Z=-89.2515CR=2.F70.        ;P7
N80 G64G03X=59.34Z=-113.8689CR=40.0          ;P8
N90 G64G01X=59.339Z=-350.0F150.              ;P9
N93 G0X=100;
N94 M1=9M2=9;
```

（2）磨削完毕的 $RE_{2B}$ 型车轴（标准工件）与砂轮的基准建立：操作者将磨削完毕的 $RE_{2B}$ 型车轴用天车吊至成型数控磨床上装夹，在 JOG 模式下移动 $X$ 轴和 $Z$ 轴，使 $RE_{2B}$ 型车轴的轴颈表面按图 3-19 和图 3-20 所示靠近砂轮的表面，并用外径千分尺测量车轴轴颈的直径尺寸，依据《机床说明书》在 MDI 面板上操作机床以完成 $RE_{2B}$ 型车轴与砂轮的对刀操作。

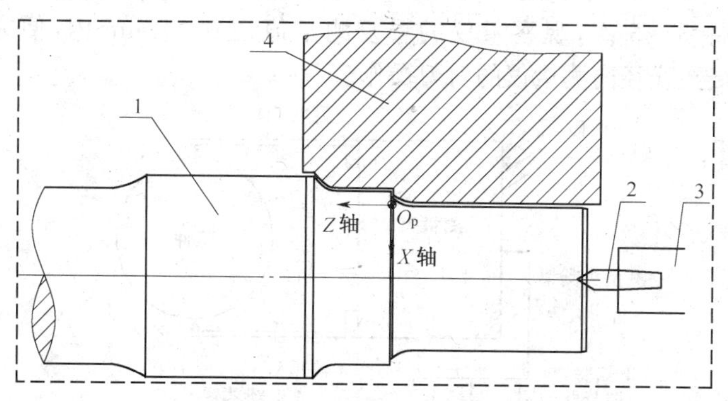


图 3-19　SIMMONS480-2 轴成型数控磨床的车轴与砂轮对刀示意图

1—磨削完毕的车轴；2—莫氏 6＃顶尖；3—尾座；4—整体直进式砂轮

（3）磨削完毕的 $RE_{2B}$ 型车轴（标准工件）与端面测量仪的基准建立：操作者将磨削完毕的 $RE_{2B}$ 型车轴用天车吊至成型数控磨床上装夹，在 JOG 模式下移动 $X$ 轴和 $Z$ 轴并操作端面测量仪的探针伸出，使其靠近 $RE_{2B}$ 型车轴轴颈的后肩处，依据《机床说明书》在 MDI 面板上操作机床以完成 $RE_{2B}$ 型车轴与端面测量仪的对刀操作。

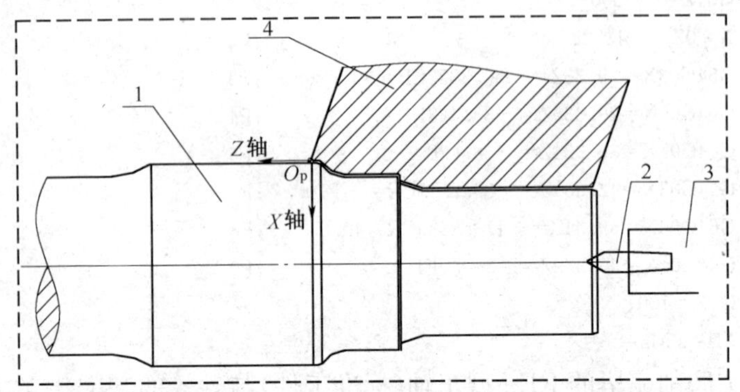

图 3-20　PF61-S3000 成型数控磨床的车轴与砂轮对刀示意图

1—磨削完毕的车轴；2—莫氏 6＃顶尖；3—尾座；4—整体 20°斜进式砂轮

(4) 在线径向测量仪基准的建立：操作者将磨削完毕的 $RE_{2B}$ 型车轴(标准工件)用天车吊至成型数控磨床上装夹，手动操作 Marposs 在线径向测量仪的两测爪伸出，卡在 $RE_{2B}$ 型车轴的轴颈截面上(见图 3-21)，先进行机械至零操作，再进行电气至零操作；然后手动控制测量仪反复伸出测量工件 3～5 次，观察量仪的重复测量值在 0～5 $\mu$m 内，便完成了 Marposs 在线径向测量仪的对刀操作。

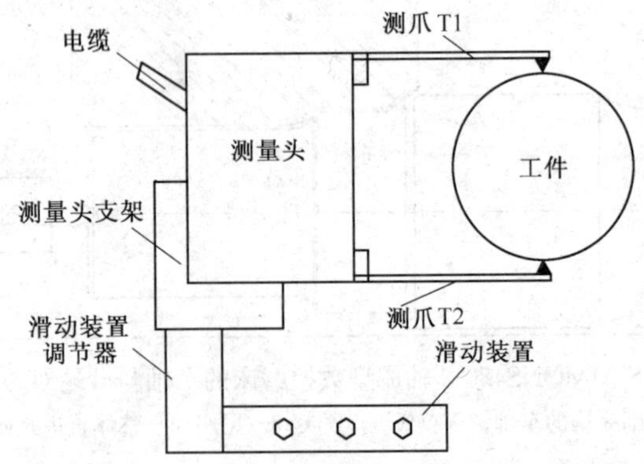

图 3-21　Marposs 在线测量仪测量 $RE_{2B}$ 型车轴的示意图

(5) SIMMONS480-2 轴成型数控磨床修整结构的改造

SIMMONS480-2 轴成型数控磨床是 1997 年自美国西蒙斯公司进口的，使用了十几年的时间，某些附属配件伴随着升级换代从厂家已买不到，且有的购买周期较长、其成本也非常高，这就给机床的维修带来较大的困难。根据实际情况,可以对机床的相关环节进行适当的改造,以恢复机床运转和降低资产损失等。当机床上修整机构的修整电动机损坏及其驱动器电路板烧毁后,该厂组织技术人员对原有修整结构进行了改进,重新编制了 $RE_{2B}$型车轴修整程序;同时根据现场的调试情况,合理优化了工艺参数。

SIMMONS480-2 轴成型数控磨床的原有修整机构在图 3-17 中已介绍,其工作原理:机床控制系统提供 120 VAC 至修整驱动器,驱动器进行电信号的放大处理后驱动修整电动机,修整电动机带动金刚修整轮高速旋转而进行砂轮修整。修整电动机固定在机床导轨(Z 轴)上,随导轨向-Z 方向移动,自右侧接近砂轮;修整电动机的尾部通入 0.6 MPa 的高压风,进行吹气防潮等。

①修整结构的改进:为了保证生产的顺利进行和机床的正常使用,技术人员对机床的修整结构进行了改进。具体方案为不再使用风能和电能;不再使用金刚修整轮,改用与 PF61-S3000 成型数控磨床通用的片状金刚笔。

②制作片状金刚笔安装基座(见图 3-22):用四条 M8 的螺栓将安装基座固定在以前安装修整电动机的机体上,再将片状金刚笔固定在安装基座的凹槽内。修整机构随机床导轨(Z 轴)移动,向+Z 方向移动,自左侧接近砂轮。

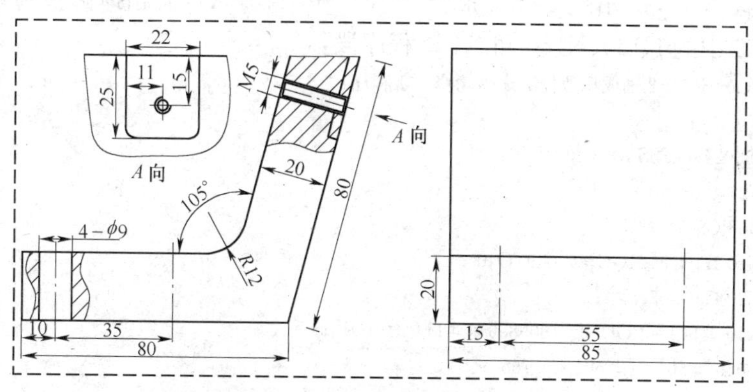


图 3-22　片状金刚笔的安装基座

③砂轮修整程序的编制:修整机构改进后,虽然工件原点(编程原点)

保持不变，但是修整方向发生了改变，如此须重新编制砂轮修整子程序。

SIMMONS480-2 轴成型数控磨床砂轮修整子程序：

```
%
:0022(DRESS RE2B);
N05 G94 ;
N010 G56G90G00T01H01Z110.6490 ;
N016 M08;
N020 G00X0.;
N030 G01G41X-63.2598F300.0;
N040 Z84.48090F200.0;
N050 G03X-29.971Z57.5054R30.0F140.0;
N060 G01X-29.971Z0.F200.0 ;
N070 X-20.016Z0.;
N080 G03X-16.6924Z-0.8161R2.0F140.0 ;
N090 G03X0.Z-25.2709R40.0;
N100 G01X0.Z-245.0F200.0 ;
N110 G00X15.0 ;
N120 Z200.0;
N130 G40M99;
%
```

④砂轮修整宏程序的调整：为使修整完毕后的砂轮（*X* 轴）回退至安全距离 X900 mm 处，防止修整宏程序 O9002（DRESS MACRO）执行至程序段 N130 时出现 500 号报警（Over Travel +X），需删掉修整宏程序 O9002 中的 N130、N160 和 N170 程序段。

SIMMONS480－2 轴成型数控磨床砂轮修整宏程序：

```
%
:9002(DRESS MACRO);
N2 #503=0 ;
N08 G94;
N10 IF[#5021GE#4]GOTO40 ;
N20 G90G53X#4;
N40 #501=ROUND[19098.6*#114/#2001];
N045 #501=[#501*0.765];
N50 S#501 ;
N80 #2001=#2001-2*#1;
N82 #2101=#2101-#1;
```

N90 G90G56T01H01；

N100 M98P＃5 ；

N110 ＃503＝＃503＋1；

N130 G91G00X[2＊3]；增量坐标方式下 X 轴快速移动至 2＊＃3＝2＊75＝150 mm 处，其中＃3 = var＃118 x retract amount to clear contour＝75mm，即每次修整结束时 X 轴后退的距离，以使 Z 轴安全退回起始点。2007—03—14 将该磨床的修整机构由金刚修整轮改为片状金刚笔后，该程序段需被删掉。

N140 IF[＃503LT＃2]GOTO80 ；

N150 G90G53X＃4；

N160 M19；关闭金刚修整器的冷却液，2007—03—14 将该磨床的修整机构由金刚修整轮改为片状金刚笔后，该程序段需被删掉。

N165 M09；

N170 M21；停止金刚修整轮的旋转，2007—03—14 将该磨床的修整机构由金刚修整轮改为片状金刚笔后，该程序段需被删掉。

N172 ＃500＝0 ；

N180 M99；

％

⑤根据现场的调试情况，需对有关工艺参数进行优化。如 var＃113 Headstock RPM ＝ 70（车轴转速 67r/min），var＃114 Grinding Wheel Surface Speed ＝ 40 r/min，var＃116 Dress Amount per Pass ＝ 0.018～0.020 mm 等。

⑥应用效果：此项改进使 SIMMONS480-2 轴成型数控磨床避免了因无法购买到修整电动机和驱动器而停机的窘境出现，节省了配件购置费约 10 万元。此项改进不再使用风能和电能，节约了能源消耗；且将每片价值 2 万多元的金刚修整轮更换为每片 1 300 元的片状金刚笔，每年可节省工具费用达 3 万元。改进后的修整机构一直在该设备上使用，且磨削后的工件质量稳定。

### 3.1.5 车轴轮座磨削加工设备

选用上海机床有限公司生产的 SINUMERIK 810D 系统的 MK1350×3000 型数控外圆磨床（见图 3-23）进行 $RE_{2B}$ 型车轴轮座的磨削加工，每根车轴的轮座磨削时间为 12 min（包括工件调头和砂轮修整时间），如此双班作业即可满足日产 20 辆份 $RE_{2B}$ 型车轴的任务。MK1350×3000型数控外圆磨床的主要性能参数见表 3-2 所示。

图 3-23 MK1350×3000 型数控外圆磨床

**表 3-2 MK1350×3000 型数控外圆磨床的主要性能参数**

| 序号 | 参数明细 | 参数值 |
| --- | --- | --- |
| 1 | 可磨削工件的最大和最小直径 | $\phi$500 mm、$\phi$50 mm |
| 2 | 最大磨削长度 | 3 000 mm |
| 3 | 头架转速 | 10～300 r/min |
| 4 | 头架和尾座的顶尖型号 | 莫氏 6＃ |
| 5 | 砂轮规格 | $\phi$750×$\phi$305×200 mm |
| 6 | 砂轮恒定线速度 | 45 m/s |
| 7 | $X$ 轴进给速度范围(可调) | 0.1～5 000 mm/min |
| 8 | $X$ 轴进给分辨率 | 0.000 5 mm |
| 9 | $X$ 轴最小编程增量 | 0.000 5 mm |
| 10 | $Z$ 轴进给速度范围(可调) | 0.1～5 000 mm/min |
| 11 | $Z$ 轴进给分辨率 | 0.001 mm |
| 12 | $Z$ 轴最小编程增量 | 0.000 5 mm |
| 13 | $X$ 轴定位精度 | 0.006 mm |
| 14 | $X$ 轴重复定位精度 | 0.004 mm |
| 15 | $Z$ 轴定位精度 | 0.008 mm |
| 16 | $Z$ 轴重复定位精度 | 0.006 mm |

MK1350×3000 型数控外圆磨床采用直进切入磨削方式，使用柱状金刚笔(即被修磨成一定几何形状的单颗粒天然金刚石，见图 3-24)修整砂轮廓型。CNC 装置执行修整程序，控制伺服轴移动从而完成砂轮廓型的修整。磨削时，由 Marposs P7 在线径向测量仪随时监控 $RE_{2B}$型车轴

轮座的直径尺寸,并采用配置了 M18-4 INTERFACE BOARD 的硬线连接 RENISHAW LP2 感应式测头进行车轴端面的定位($Z$向)测量。另外,机床采用两顶一拨盘的方式装夹车轴,拨盘的形状与 LC34★3000 卧式数控车床的自动拨盘类似;$RE_{2B}$型车轴和砂轮的转速可通过 CNC 参数进行相应的调整,以达到磨削的最优化控制。

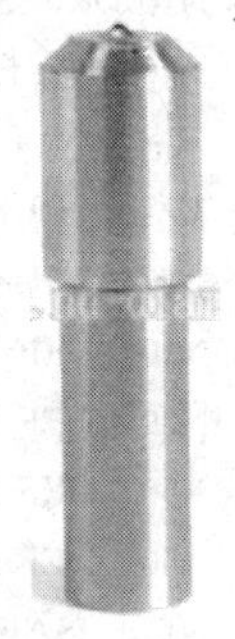

图 3-24 柱状金刚笔

操作者根据《机床说明书》和产品规格及技术数据进行 CNC 参数的设定,然后调用磨削主程序(机床制造厂家采用宏程序编辑的)即可。除此之外,操作者还需根据 $RE_{2B}$ 型车轴的图纸和工艺文件,按照该磨床许可的指令代码编辑砂轮修整程序,并进行对刀操作以完成车轴轮座磨削前的准备工作。

1. 修整程序的编辑与廓型修整:修整时视砂轮为工件,在砂轮上建立坐标系,以便确定坐标原点,并绘图计算廓型的基点坐标。编程人员依据计算得出的基点坐标,按照 CNC 系统许可的指令代码编辑砂轮修整程序。

修整砂轮前操作者需手动移动修整刀分别靠近图 3-25 中 $O_P$ 点的 $X0$ 和 $Z0$,并操作机床面板上的相应按键以完成修整刀和磨削砂轮之间的对刀操作(建立坐标联系)。设定每次修整量为 0.02~0.08 mm 后单独调用砂轮修整程序便完成砂轮廓型的修整。

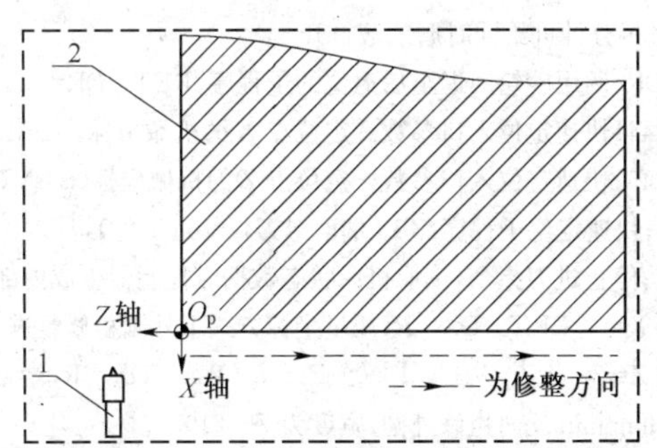


图 3-25 MK1350×3000 型数控外圆磨床的修整示意图

1—柱状金刚笔;2—整体直进式砂轮

MK1350×3000 型数控外圆磨床的砂轮修整程序如下:

%_N_DRESS_AUTO_SPF(自动修整子程序,被磨削主程序调用)

;$PATH=/_N_SPF_DIR文件存放在全局子程序目录中

N10 DRESS_LINE;调用在线修整程序

N20 M02;自动修正子程序结束

****************************************

%_N_DRESS_LINE_SPF(在线修整程序)

;$PATH=/_N_SPF_DIR文件存放在全局子程序目录中

N10 DEF REAL SAFE_Z;定义实数型变量

N30 DEF REAL V_WL_DX_R,V_WL_DX_F;定义实数型变量

N50 DEF REAL CUT_DX_R,CUT_DX_F;定义实数型变量

N60 DEF REAL DZ_WL;定义实数型变量

N100 SAFE_PROTECT;调用安全距离保护检验子程序,不可更改(X、Z向最小安全距离和最大安全速度)

N110 STOPRE;停止进刀指令(读取机床状态数据时控制器生成内部进刀停)

N140 DZ_WL=200.0;砂轮宽度200 mm

N160 SAFE_Z=R13;(Z)轴向安全距离R13=

N170 CUT_DX_R=R90;X向向每次粗进刀量R90=0.02

N180 CUT_DX_F=R91;X向向每次精进刀量R91=0.02

N200 V_WL_DX_R=R92;外圆粗修整速度R92=300

N210 V_WL_DX_F=R93;外圆精修整速度R93=250

N270 IF (CUT_DX_R>1.0) GOTOF ERROR1;X向每次粗进刀量R90≤1 mm,否则跳至N540句的error1。

N270 IF (CUT_DX_F>1.0) GOTOF ERROR1;X向每次精进刀量R91≤1 mm,否则跳至N540句的error1。

N290 G94 M08;每分钟进给同时磨削液打开

N3100 RET_DR;调用砂轮回退至后退位的子程序,RET_DR=R54,V_RP_X=R16。

N320 R218=R44;快速定位入口参数—定位点X的机械坐标,START_X=R218。

N330 R219=R45;快速定位入口参数—定位点Z的机械坐标,START_Z=R219。

N340 XZ_POS;快速定位子程序(T18端面对刀仪靠近工件),

N370 STOPRE;停止进刀指令(读取机床状态数据时控制器生成内部进刀停)

N410 G91 G01 X=−CUT_DX_R;增量坐标方式下外圆粗修整进刀,进刀量为−R90

N430 G91 G01 Z=−(DZ_WL+10.0) F=V_WL_DX_R;增量坐标方式下以速度R92=300 mm/min反向粗修外圆,宽度为Z−210.0。

N460 G91 G01 X=(CUT_DX_F+10.0);增量坐标方式下外圆精修整进刀,进刀量为−R91。

N480 G91 G00 Z=(DZ_WL+10.0) F=V_WL_DX_F;增量坐标方式下以速度R93=250 mm/min正向精修外圆,宽度为Z210.0。

N520 DRESS_COMP;调用修整补偿子程序,定位点X机械坐标R44=R44−(R90+

R91)，砂轮直径 R72=R72−(R90+R91)。

N530　GOTOF END1;向下跳转

N540　ERROR1:切削量超过 1 mm 时报警;外圆方向每次粗修整和精修整进刀量≤1 mm。

N550　MSG("切削量太大，超过 1 mm,请核查");NC 程序在 LCD 屏幕上生成报警信息。

N570　END1:

N580　RET_DR;调用砂轮回退至后退位的子程序,RET_DR=R54,V_RP_X=R16。

N590　STOPRE;停止进刀指令(读取机床状态数据时控制器生成内部进刀停)

N591　R105=0;修正次数为 0,结束砂轮修整,_DRESS=R105。

N600　M09;磨削液关闭

N610　M02;主程序结束

2. 磨削完毕的 $RE_{2B}$ 型车轴(标准工件)与砂轮的基准建立:操作者将磨削完毕的 $RE_{2B}$ 型车轴用天车吊至该磨床上装夹,在 JOG 模式下移动 $X$ 轴和 $Z$ 轴,使 $RE_{2B}$ 型车轴的轮座表面按图 3-26 所示靠近砂轮表面,并用外径千分尺测量车轴的轮座直径,按《机床说明书》在 MDI 面板上操作机床以完成 $RE_{2B}$ 型车轴与砂轮的对刀操作。

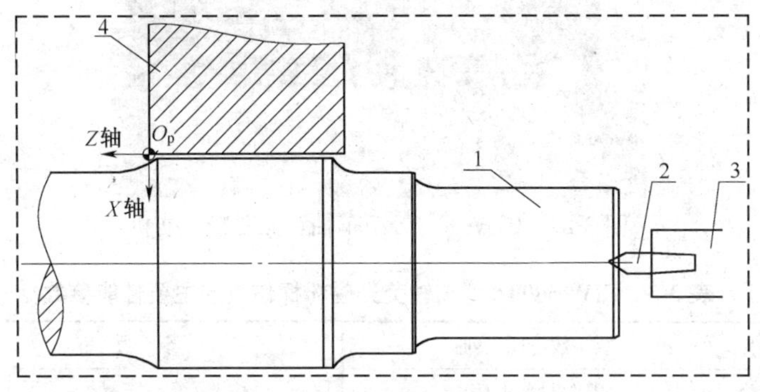


图 3-26　MK1350×3000 数控外圆磨床的车轴与砂轮对刀示意图

1—磨削完毕的车轴;2—莫氏 6#顶尖;3—尾座;4—整体直进式砂轮

3. 磨削完毕的 $RE_{2B}$ 型车轴(标准工件)与端面测量仪的基准建立:操作者将磨削完毕的 $RE_{2B}$ 型车轴用天车吊至该机床上装夹,在 JOG 模式下移动 $X$ 轴和 $Z$ 轴并操作端面测量仪的探针伸出,使其靠近 $RE_{2B}$ 型车轴轴颈的后肩处,依据《机床说明书》在 MDI 面板上操作机床以完成 $RE_{2B}$ 型车轴与端面测量仪的对刀操作。

4. 在线径向测量仪基准的建立:操作者将磨削完毕的 $RE_{2B}$ 型车轴

(标准工件)用天车吊至该机床上装夹,手动操作 Marposs 在线径向测量仪的两测爪伸出,卡在 $RE_{2B}$ 型车轴轮座的截面上(参见图 3-21),先进行机械至零操作,再进行电气至零操作;然后手动控制测量仪反复伸出测量工件 3～5 次,观察量仪的重复测量值在 0～5 μm 内,便完成了 Marposs 在线径向测量仪的对刀操作。

### 3.1.6 车轴荧光磁粉探伤设备

选择北京磁通设备制造有限公司生产的 CJW-3000Z 型车轴荧光磁粉探伤机(见图 3-27)进行 $RE_{2B}$ 型车轴的探伤检查,每根车轴的探伤时间为 8～10 min(双端探测而不需调头),如此双班作业即可满足日产 20 辆份 $RE_{2B}$ 型车轴的任务。该机床的主要性能参数见表 3-3 所示。

图 3-27 CJW-3000Z 型车轴荧光磁粉探伤机

**表 3-3 CJW-3000Z 型车轴荧光磁粉探伤机的主要性能参数**

| 序 号 | 参数明细 | 参数值 |
|---|---|---|
| 1 | 周向空载电压 | 15 V |
| 2 | 纵向空载电压 | 28 V |
| 3 | 周向磁化电流 | 0～3 000 A(有效值) |
| 4 | 纵向磁化电流 | 0～2 400 A(有效值) |
| 5 | 纵向磁势 | 0～24 000 AN |
| 6 | 退磁方式 | 自动衰减,纵向最大值趋近于 0 |
| 7 | 退磁效果(剩磁) | ≤0.3 mT |
| 8 | 灵敏度 | A1 型试片 15/50 清晰显示 |

续上表

| 序　号 | 参数明细 | 参数值 |
| --- | --- | --- |
| 9 | 暗室效果(遮光后的白光强度) | ≤20Lx |
| 10 | 紫外光波长范围 | 320～400 nm,中心波长 365 nm |
| 11 | 紫外光对探伤部位辐照度(标定距离) | >800 $\mu W/cm^2$ |
| 12 | 暗室风机通风量 | 2×1 020 $m^3/h$ |
| 13 | 滚动减速机 | XWD-0.37W-3-1/71 |
| 14 | 轴滚动转速 | 4 r/min |
| 15 | 输入气压 | ≥0.45 MPa |

CJW-3000Z型车轴荧光磁粉探伤机的磁化方法主要是采用复合磁化法,即周向磁化和纵向磁化相结合。其中周向磁化为车轴通电方式;纵向磁化为开合的长螺管线圈方式,以均匀磁化被探测的工件。探测时,探伤人员将被探测的$RE_{2B}$型车轴置于设备中部的滚轮架上,操作按钮使两端的电极夹紧车轴及开合线圈在车轴的轴身上闭合;然后控制机床喷淋磁悬液,使周向磁场和纵向磁场的发生器开始工作,如此在车轴上便建立了一个感应磁场。当$RE_{2B}$型车轴的表面存在缺陷(如裂纹)时,感应磁场的磁力线便不再连续而在车轴表面形成一个漏磁场,并在缺陷的两侧形成磁极;磁粉被磁极吸附后便堆积成为磁痕;磁痕的外观显示出缺损的长度和走向及轮廓等一系列图像,从而显示出缺陷之所在。磁化过程结束后,$RE_{2B}$型车轴连续滚动 2～3 圈,以供探伤人员进行磁痕的检查;然后进行电容放电衰减方式的交流退磁操作,使$RE_{2B}$型车轴的剩磁量降至最低限度(即剩磁≤0.3 mT)。

CJW-3000Z型车轴荧光磁粉探伤机的磁化电路是由周向磁场发生器和纵向磁场发生器为中心的两套电路组成。电源供应为AC 380 V,其中AC相接纵向磁化电源的变压器,BC相接周向磁化电源的变压器,机床两侧的电路相互独立。生产过程中,探伤人员需要根据缺陷的探测情况,调整该机床的周向磁化电流和纵向磁化电流,调整原理是通过改变串接在主变压器初级回路中模块的导通角,来改变主变压器初级的电压幅值和变压器次级电流的大小,从而实现磁化电流大小的调整。

### 3.1.7 车轴尺寸自动检测设备

选择齐齐哈尔泰格自动化有限公司生产的 TG0110 车轴参数自动测量机(见图 3-28)进行 $RE_{2B}$型车轴加工尺寸的检测。该测量机主要由机床本体、液压系统、电气控制、分料装置、检测机构、微机控制系统和控制驱动系统、数据采集通信系统和检测校验系统等部分组成。它具有双工位检测功能,在第一工位可检测 $RE_{2B}$型车轴的轴全长、轴肩距和轴颈长度等长度尺寸,测量范围为 2 100～2 300 mm;在第二工位可检测 $RE_{2B}$型车轴的轴颈直径、防尘板座直径和轮座直径等径向尺寸,测量范围为 0～220 mm。机床的检测精度为 0.005 mm(轴颈和防尘板座部位),检测分辨率为 0.001 mm;每根车轴的检测时间为 8～10 min。

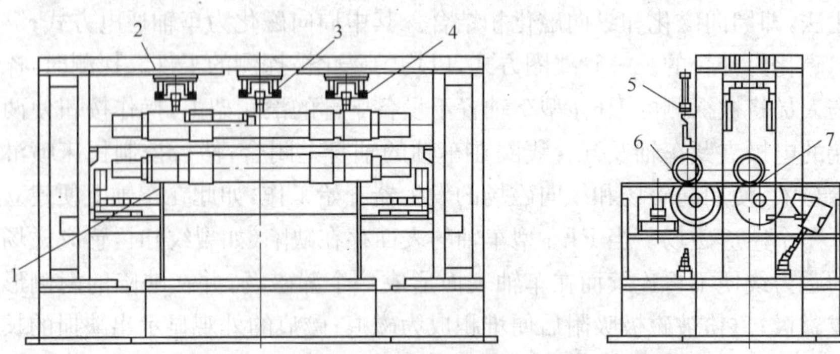


图 3-28 TG0110 车轴参数自动测量机结构图

1—车轴升降架;2—左轮座检测尺;3—轴身检测尺;
4—右轮座检测尺;5—轴全长检测尺;6—第一工位;7—第二工位

TG0110 车轴参数自动测量机的微机控制系统包括工业计算机、输入采集模块和数据采集系统及输出控制模块四部分,其中工业计算机完成对现场输入模块和数据采集系统上传数据的后期处理及对输出模块的输出控制,同时还完成与 HMIS 系统的数据传输和交换任务;输入采集模块完成现场开关量信号的采集工作;数据采集系统完成对位移传感器数据的采集及前期处理工作;输出控制模块完成电磁阀接触器等执行机构的输出控制。微机控制系统的结构框图如图 3-29 所示。

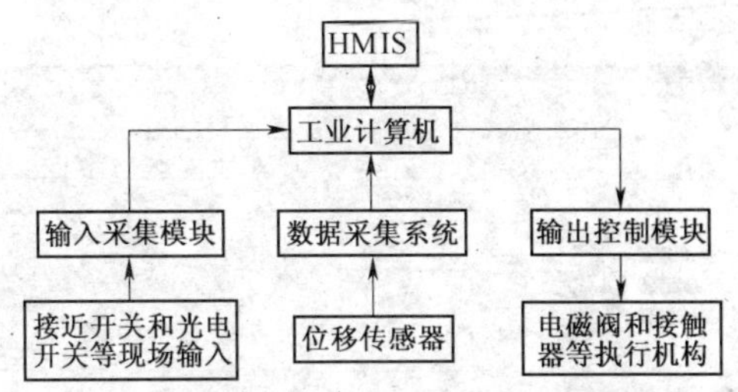


图 3-29　微机控制系统的结构框图

TG0110 车轴参数自动测量机的控制主程序采用 VB 语言进行开发，经由主窗口（见图 3-30）可分别进入 $RE_{2B}$ 型车轴尺寸测量画面（F1）、校准画面（F2）、数据管理画面（F3）、参数设置画面（F4）、电气测试画面（F5）、软件信息画面（F6）和参数修正画面（F7）。

图 3-30　TG0110 车轴参数自动测量机的主窗口

1. 车轴尺寸测量画面（见图 3-31）：在该画面下，操作者可手工输入待检测的车轴轴号和选择车轴的型号 $RE_{2B}$，并输入操作者姓名（也可不输入）；当用鼠标点击"全项测量"时，机床将完全按照铁标的要求对 $RE_{2B}$ 型车轴的加工参数进行全部测量；当点击"轮座直径"时，机床将仅检测车轴的轮座直径；当点击"直径"时，机床将测量车轴的轴颈、防尘板座和轮座等截面的直径尺寸。

2. 校准画面（见图 3-32）：为了修正机床的系统误差，使机床获取的

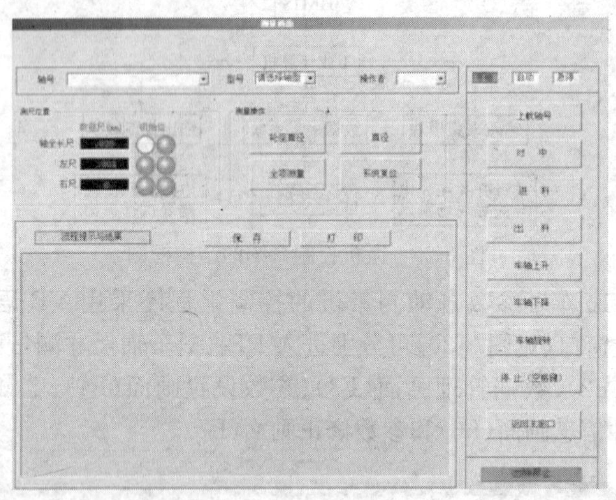


图 3-31　车轴尺寸测量画面(F1)

测量值能真实地反映所测车轴的实际情况，每次启动系统（微机）时，应先进入校准画面使用 $RE_{2B}$ 型标准车轴对系统进行校准，并填写《开机校准记录》（表 3-4）。

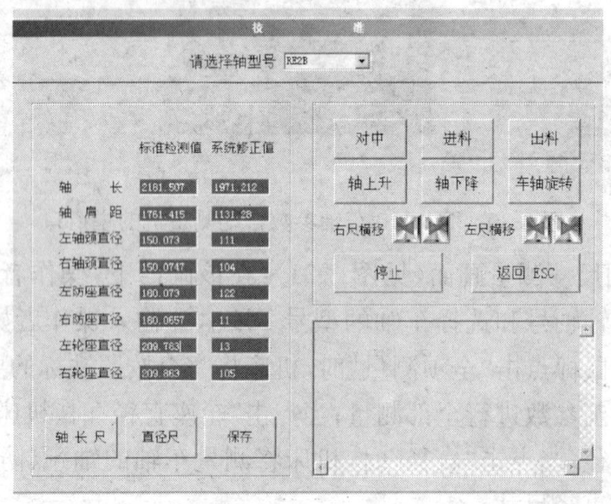


图 3-32　校准画面(F2)

**表 3-4　TG0110 车轴参数测量机日常性能校验记录样表**

| 车轴测量机型号 | TG0110 | 车轴测量机编号 | | 标准轴型　号 | 057－012345 |
|---|---|---|---|---|---|
| | | | | | 机床测量系统的修正值 |
| 数显尺 | | | | | |
| 轴长尺 | | | | | |
| 左直径尺 | | | | | |
| 轴身直径尺 | | | | | |
| 右直径尺 | | | | | |
| 检查人员签　章 | 操作员 | | 质检员 | | 验收员 |
| | | | | | |
| 备注 | | | | | |

3. 参数设置画面（见图 3-33）：在该画面下，可设定 $RE_{2B}$ 型车轴轴颈、防尘板座和轮座部位直径尺寸的测量位置及是否选择检测该部位的直径。画面中的“测量点相对距离”是指某一测量位置相对于上一测量位置的相对距离，其中轴颈直径位置Ⅰ的测量点相对距离为相对于轴端面

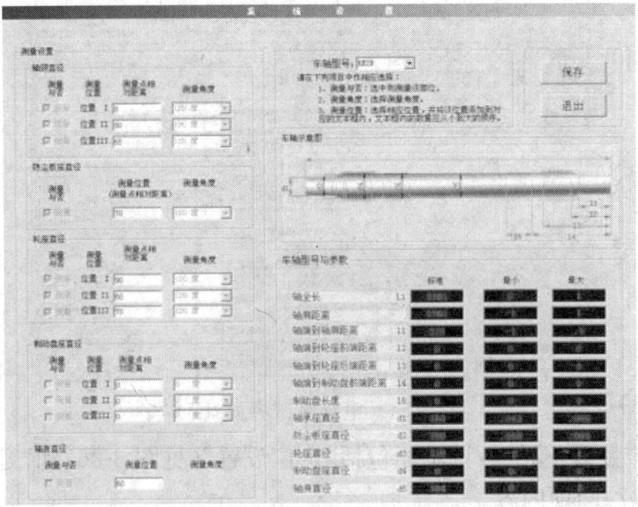

图 3-33　参数设置界面（F4）

的距离，位置Ⅱ的相对距离为相对于位置Ⅰ的距离，依次类推。机床测量过程中，若测量位置有偏差，则可修改这些参数以排除故障(注意：由于各测量位置都是相对于上一个位置的，故改动一个数据的同时要对其后的测量位置数据进行相应的加或减)。另外，微机控制系统以该界面中设定的车轴型号 $RE_{2B}$及相应的参数(来自于 $RE_{2B}$型车轴图纸)为依据，来判断测量结果是否超差。

4. 电气调试界面(见图 3-34)：在该画面下，电气维修人员可根据相应按钮的状态，检查机床某一部位的接近开关、限位或电磁阀的好坏或信号是否接通。左侧是床身各部位的接近开关和限位的状态，白色圆圈表示信号未接通，红色表示信号已接通；右侧按钮与电磁阀一一对应(见图 3-35)，主要控制机床对应油缸的动作。遇有异常状况(若左右两侧的轮座尺不在原位而升降机构上升，则会出现升降机构的齿轮箱顶住刀尺导致机构变形；若升降机构升起过高而移动轮座尺，则会出现横向移动的刀尺碰撞升降机构的齿轮箱而导致刀尺变形)时，操作者或电气维修人员通过该画面下的相应操作，使机床恢复正常状态。

图 3-34　电气测试界面(F5)

5. 参数修正界面：该画面包括“定位设置”(见图 3-36)和“延时时间”(见图 3-37)两项内容。

(1)在“定位设置”界面，操作者可设置测量尺原位的起始位置。系统

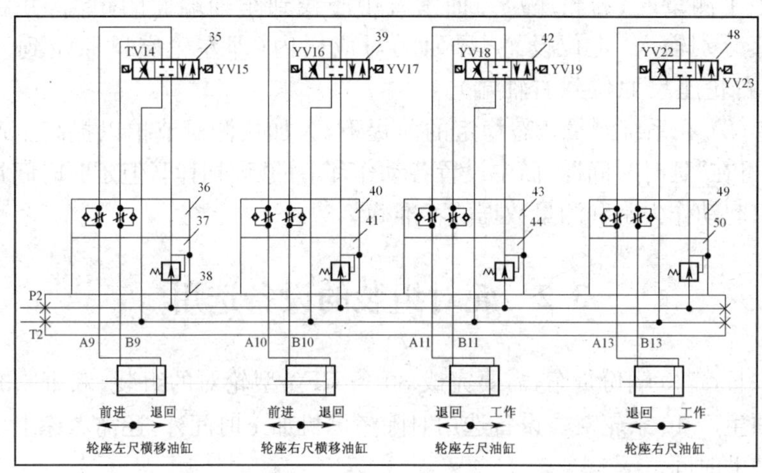


图 3-35　车轴参数自动测量机液压原理图(部分)

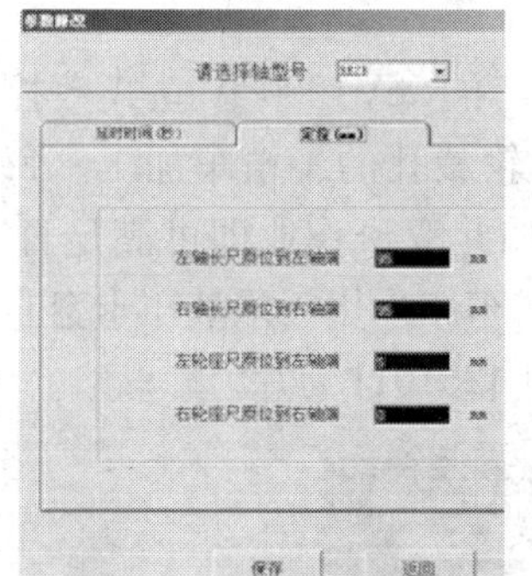


图 3-36　参数修正画面的定位设置

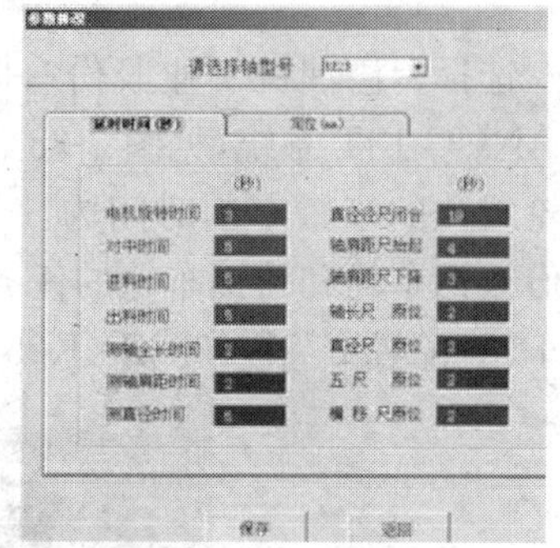


图 3-37　参数修正画面的延时时间设置

复位后，操作者先将被测车轴放在第一工位，执行手动对中操作后手工测量从左、右轴长测量尺挡铁正面垂直中心线到车轴端面的距离，并将测量值分别输入“定位设置”界面的对应栏内(即左轴长尺原位到左轴端，右轴长尺原位到右轴端)。当轴长尺原位设定完后，先使机床的左、右轮座尺和直径尺处于张开状态(系统复位完成后的状态)；再将第一工位手动对中后的 $RE_{2B}$型车轴经由手工进料和升轴等操作，使车轴轮座的最大水平圆与左、右轮座尺的下边缘对齐，此时手工测量左、右轮座尺刀面垂直中心线到车轴端面的距离，并将测量值分别输入“定位设置”界面的对应栏内（即左轮座尺原位到左轴端，右轮座尺原位到右轴端）。

（2）在系统测量状态稳定的前提下，为加快测量节拍以提高生产效率，可在“延时时间”界面中设置各动作环节的延时时间，但延时时间过短会引起动作失常和测量数据的不准确。

## 3.2 轮对组装的设备选用

日产 20 辆份货车，需要完成 80 条 $RE_{2B}$ 型轮对的组装，双班制时每班须生产 40 条轮对。设备选用时除考虑机加工时间外，还需考虑上下料等辅助时间。

### 3.2.1 车轮半精车加工设备

选择台湾油机工业股份有限公司生产的 YV1200-A 立式数控车床（FANUC 18T 系统，见图 3-38）进行车轮轮毂孔的半精车加工。每件车轮轮毂孔的半精车削时间为 5～7 min，如此双班作业即可满足日产 20 辆份辗钢车轮和铸钢车轮的任务。该立式车床采用三爪液压卡盘自动夹紧车轮，配置 F75W4032Z-4K25 型刀杆和 42510H 刀片。

图 3-38 YV1200-A 立式数控车床

以车轮轮毂孔的中心轴线为 $Z$ 轴、上平面为 $X$ 轴建立工件坐标系，点 $O_p$ 为工件坐标系的原点（即编程原点，见图 3-39）。操作者使用手摇脉冲发生器控制机床的伺服 $X$ 轴和 $Z$ 轴动作，以进行车轮轮毂内孔的试切削，并用游标卡尺测量试切处的轮毂孔内径；然后按MDI面板上[OFFSET/SETTING]功能键进入偏置/外形设定画面，通过依次操作[偏置]、[外形]和最右侧扩展[▶]软键便可进入工件外形设定画面(见图3-40)。在该画面下输入所测得的轮毂孔内径，并按[测量]软键即可完成$X$向的对刀；然后用手摇脉冲发生器移动刀具，使刀尖接触车轮轮毂孔的上平面(中间加垫厚度0.1 mm的白纸)，在外形设定画面输入Z0.1并按[测量]软键即可完成$Z$向的对刀；工件零点偏置便被设定。

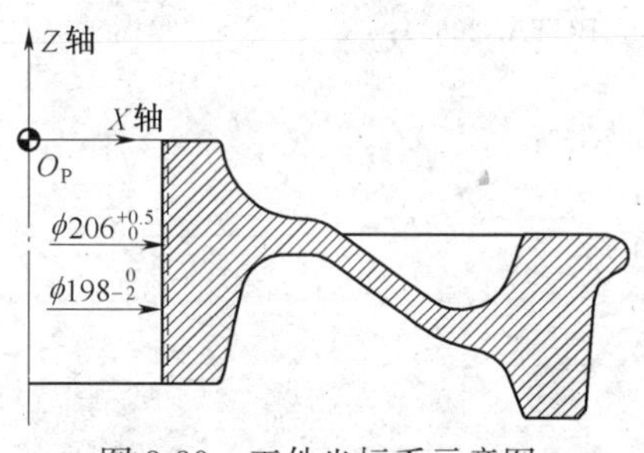


图3-39　工件坐标系示意图

( 偏置 )( 设定 )(工件系)( )((操作))

偏置/外形　　O0005 N00000

| NO. | X | Z | R | T |
|---|---|---|---|---|
| G 01 | -954.930 | -227.060 | 0.800 | 4 |
| G 02 | 0.000 | 0.000 | 0.800 | 2 |
| G 03 | 0.000 | 0.000 | 0.800 | 4 |
| G 04 | -794.265 | -234.700 | 0.800 | 4 |
| G 05 | -885.350 | -211.800 | 0.800 | 2 |
| G 06 | -990.210 | -295.000 | 0.000 | 0 |
| G 07 | -990.210 | -302.500 | 0.000 | 2 |
| G 08 | -995.300 | -304.000 | 0.000 | 0 |

实际位置（相对坐标）

U 0.000　W -5.501

)^　S 0 T0000

MDI **** *** ***　14:31:07

( 磨损 )( 外形 )( )( )((操作))

( 搜索 )( 测量 )(INP.C.)(+输入)( 输入 )

图3-40　工件外形设定画面的显示

落刀时，选择G00快速接近车轮轮毂孔的加工部位，以G01直线进给方式切入轮毂孔，如此可避免扎刀或折断刀具。抬刀时，使刀具沿轮毂孔的直线延长线切出，以防止零件表面产生切痕而影响加工质量。

根据辗钢车轮或铸钢车轮的图纸确定被加工廓型的基点坐标，然后使用CNC机床许可的指令代码编辑加工程序，并通过LCD/MDI面板上的功能键和操作键直接将加工程序输入，也可经由RS—232串行通信端口或者使用CF卡将加工程序导入CNC系统中。

在AUTO模式下，按MDI面板上[GRPHA]功能键，进行仿真绘图，以验证程序的正确性。为了掌握工件的加工精度和准确度，还需要进行首件试切。

YV1200-A立式数控车床半精车轮毂孔的加工程序：

```
%
:0010(CUCHE—70—BUTAN206.);
N10 T0404M10;
N20 M03S100G40G97G99;
N30 G0X206. Z5.0;
N40 G01Z—189. F0.75;
N50 G0X180.;
N60 Z200.;
N70 M05;
N80 G28U0W0;
N90 M11;
N100 M30;
%
```

### 3.2.2 车轮镗削加工设备

选择美国西蒙斯公司生产的SN-841立式车轮镗床(见图3-41)进行车轮轮毂内孔的粗镗、精镗和上下倒角的加工，每件车轮轮毂内孔的镗削时间为5～6.5 min，如此双班作业即可满足日产20辆份辗钢车轮和铸钢车轮的任务。该机床采用五爪液压卡盘自动夹紧车轮，配置CWB-30-3粗镗刀柄、CWB-30-4精镗刀柄和SMTC-K-2043823圆弧刀柄，选用KC850粗镗刀片、KC950八角精镗刀片和圆弧刀片。轮毂孔上平面和下平面的位置由西蒙斯公司的激光探测系统进行测量定位(专利产品)，该系统可以存储实际数据(油缸行程)以用于轮毂孔上部、下部倒角的加工。该机床的主要性能参数见表3-5所示。

图 3-41　SN-841 立式车轮镗床

**表 3-5　SN-841 立式车轮镗床的主要性能参数**

| 序　号 | 参数明细 | 参数值 |
|---|---|---|
| 1 | 可加工车轮的最大和最小直径 | $\phi$1 250 mm、$\phi$508 mm |
| 2 | 工作台最高和最低转速 | 175 rpm/min、5 rpm/min |
| 3 | 电子镗杆镗孔(车轮轮毂孔直径)范围 | $\phi$184～$\phi$220 mm |
| 4 | 工作台卡爪数 | 5 |

### 3.2.3　车轴、车轮自动输送设备

选择齐齐哈尔泰格自动化有限公司生产的车轴和车轮自动输送线(见图 3-42),将经由 TG0110 车轴参数自动测量机检测合格后的 $RE_{2B}$型车轴输送至轮对预组装位,等待轮对的预组装;同时将经由 SN-841 立式车轮镗床镗削加工(与检测后的 $RE_{2B}$型车轴对应选配)后的车轮传送至轮对预组装位,与先前已传送至预组装位的 $RE_{2B}$型车轴进行预组装。

图 3-42　车轴和车轮自动输送线

### 3.2.4　轮对预组装设备

选择齐齐哈尔泰格自动化有限公司生产的轮对预组装设备(见图 3-

43)，将已经传送至预组装位的 $RE_{2B}$ 型车轴和对应选配加工后的车轮均匀涂抹植物油，并进行预组装（见图 3-44）；再由输送小车将其输送至轮对压装位等待压装。

图 3-43　轮对预组装机和轮对压装机

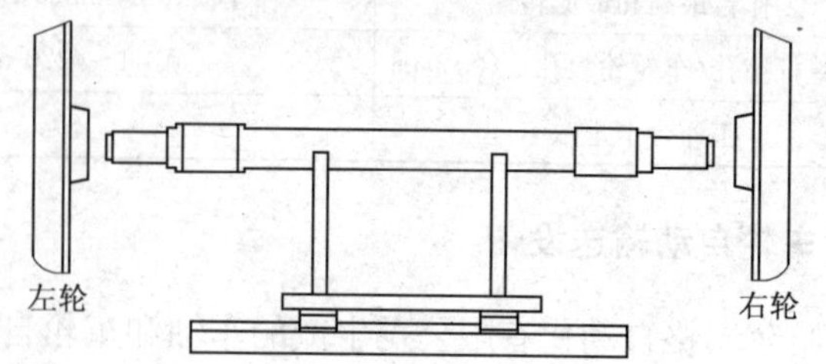


图 3-44　$RE_{2B}$ 型轮对预组装示意图

### 3.2.5　轮对压装设备

选择齐齐哈尔泰格自动化有限公司生产的 TG0101 全自动轮对压装机（见图 3-43）进行 $RE_{2B}$ 型车轴和车轮的组装。每条轮对压装的时间为 12～15 min，如此双班作业即可满足日产 20 辆份 $RE_{2B}$ 型轮对的任务。

TG0101 全自动轮对压装机主要由机床本体、液压系统、检测系统、计算机控制系统和输入输出系统及操作系统等部分组成；其结构图见图 3-45 所示，系统原理图见图 3-46 所示，计算机控制系统框图见图 3-47 所示。另外，该机床的公称压装力为 2 500 kN，主压头的行程为 600 mm，主压装缸活塞的工作速度和快速返回速度分别为 4～200 mm/min 和 500 mm/min。

TG0101 全自动轮对压装机可在 $RE_{2B}$ 型轮对压装的过程中一次完成双端压装，可控制轮位差和内侧距均在标准的要求范围内，并生成轮对组装数据（符合车统—51 的要求）。机床的控制系统汇集轮对组装、位置

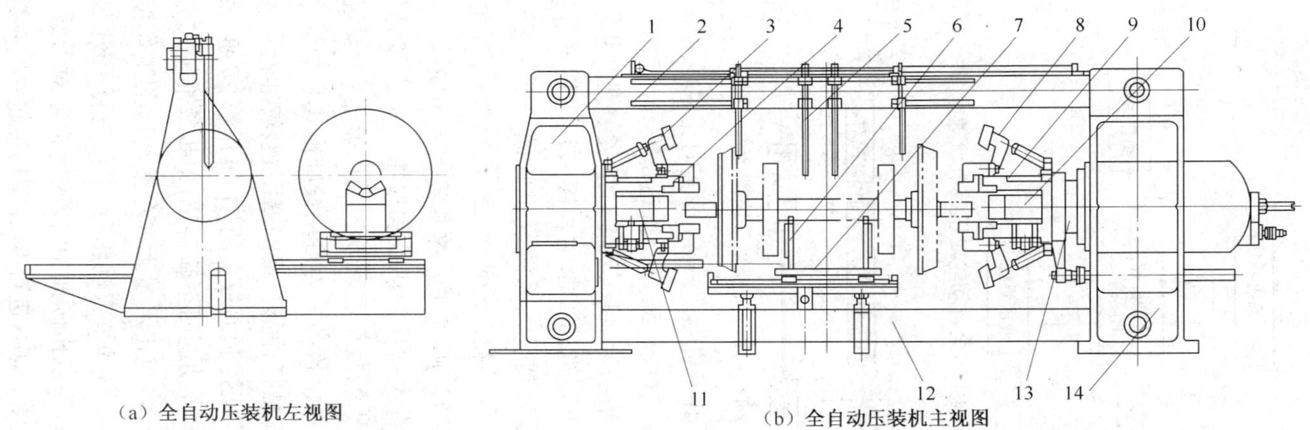

(a) 全自动压装机左视图

(b) 全自动压装机主视图

图 3-45　TG0101 全自动轮对压装机结构框图

1—副立柱；2—上连接架；3—左加长块；4—副压头；5—测杆；6—V 形支架；7—输送小车；8—右加长块；9—主压头；10—右摆锤；11—左摆锤；12—下连接架；13—压装缸活塞；14—主立柱

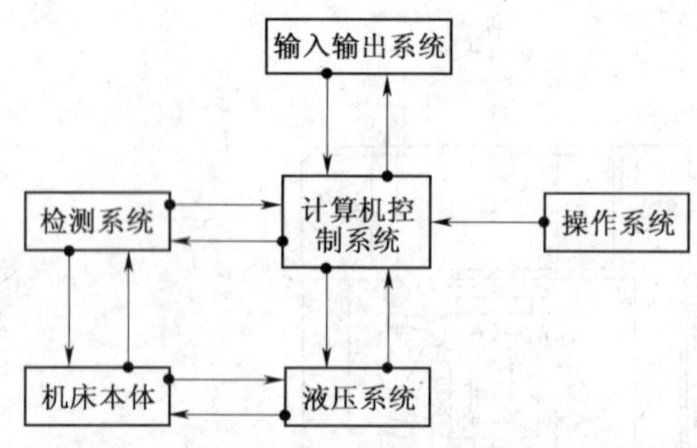

图 3-46　TG0101 全自动轮对压装机原理框图

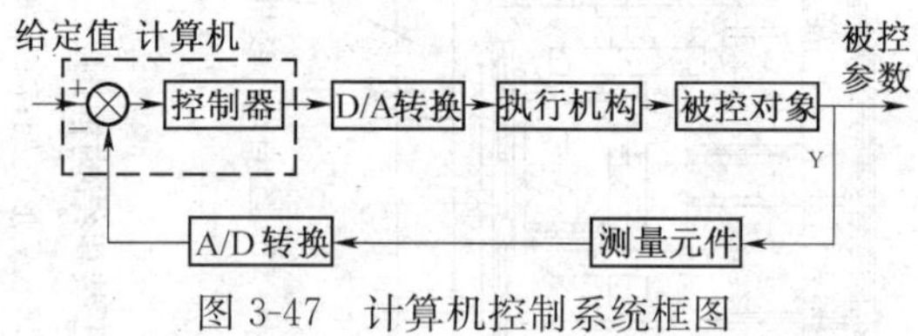

图 3-47　计算机控制系统框图

检测和曲线记录及打印输出等功能于一体,可实时记录轮对压装曲线,并能自动判断曲线是否合格(曲线格式符合铁道部车统—57 要求)。机床具备与 HMIS 系统数据传输功能,可实现轮对组装数据的共享。

TG0101 全自动轮对压装机的控制主程序采用 VB 语言进行开发,经由主窗口(见图 3-48)可分别进入系统复位画面(F1)、系统定标画面(F2)、轮对压装画面(F3)、制动盘压装画面(F4,铁路客车轮对组装用)、系统调试画面(F5)和压装数据画面(F6)及系统配置画面(F7)。

1. 系统定标画面(见图 3-49):当压装程序第一次安装完成后、机床更换工装(压头和摆锤)或压装数据出现较大的误差时,需要进入系统定标画面对机床进行校准。系统校准分为自动校准模式和单步自动校准模式两种,其中自动校准模式是将计量合格的 $RE_{2B}$型校准轮对放置在输送小车或上料机构上后,按按钮控制面板上的[工作开始]按钮,系统开始自动校准,校准完成后输送车自动返回至卸料位;单步校准模式分为小车前进、系统校准和小车退出三步,点击屏幕上命令按钮区的工作按钮即可进行单步校准工作。当校准完成,卸下校准轮对,即可进行 $RE_{2B}$型轮对的压装工作。注意:系统定标前,需点击画面中[修改定标轮对参数]按钮进入定标轮对参数设定画面(见图 3-50),进行 $RE_{2B}$型校准轮对的参数设置。

图 3-48　TG0101 全自动轮对压装机的主窗口

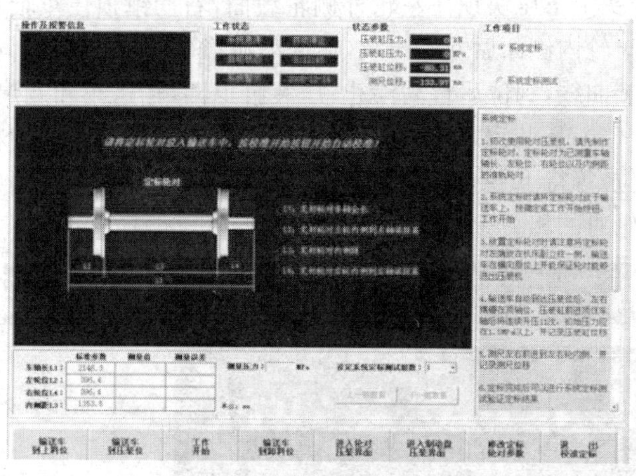


图 3-49　系统定标画面(F2)

2. 轮对压装画面(见图 3-51):操作者可分别选择全自动压装模式和单步(压装左端/压装右端)自动压装模式完成 $RE_{2B}$型轮对的压装工作。压装前,要在压装界面右侧轮对参数区中依次输入待压装 $RE_{2B}$型轮对的相关参数。按下操作面板上的[工作开始]按钮,系统便进入全自动压装模式(压装方式为自动压装双端),此时预组装后的待压装轮对随同输送小车移动至轮对组装位,先压装右轮(左摆锤到顶轴位,右摆锤到顶轮位;

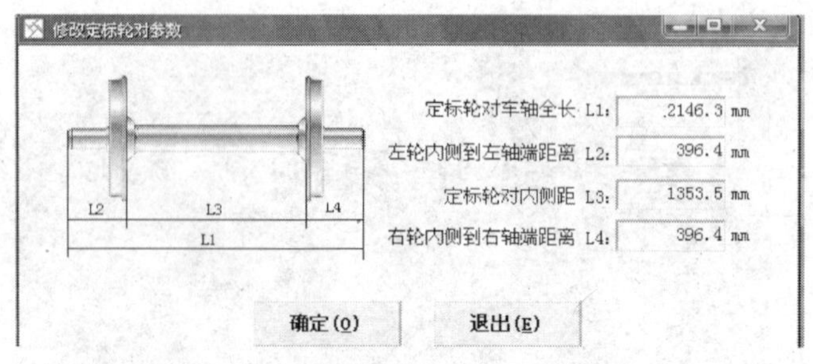


图 3-50　定标轮对参数设定画面

测尺右移、压装缸前进，主压头上下压块顶住右轮外侧轮毂面，左摆锤顶住车轴左轴端，测尺顶住右车轮内侧面后开始压装，同时记录存储右端压装曲线，到位后自动停止，压装缸退回，输送车和测尺横向回原位，见图 3-52)，再压装左轮(左摆锤到顶轮位，右摆锤到顶轴位；测尺左移、压装缸前进，副压头上下压块顶住左轮外侧轮毂面，右摆锤顶住车轴右轴端，测尺顶住左车轮内侧面后开始压装，输送车随着车轴向左移动，同时记录存储左端压装曲线，到位后自动停止，压装缸退回，输送车和测尺横向回原位，见图 3-53)；压装完成，输送小车将压装后的轮对输送至卸料位，并返回预组装位，等待下一个环节的工作。根据测量选项的预先设定，系统可对压装后轮对的相关参数(轴长和内侧距等)进行测量。

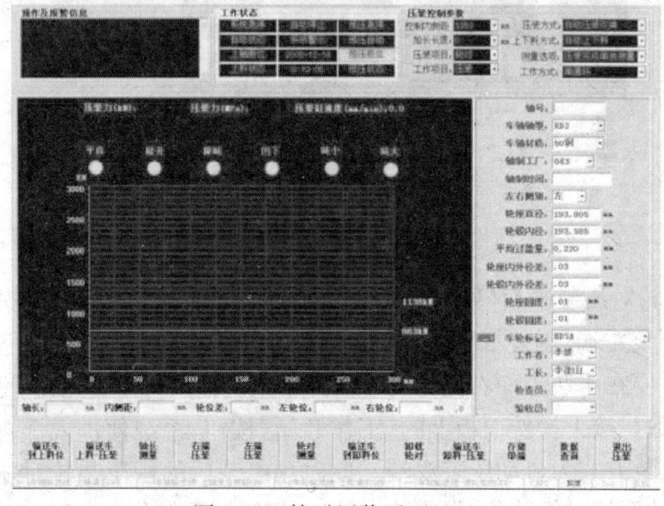

图 3-51　轮对压装画面(F3)

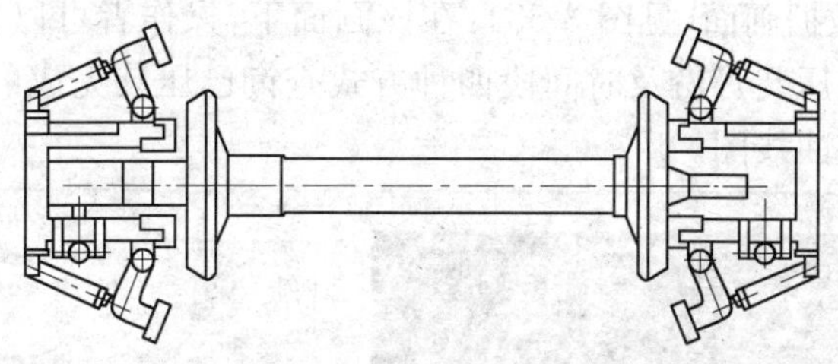

图 3-52　压装右轮示意图

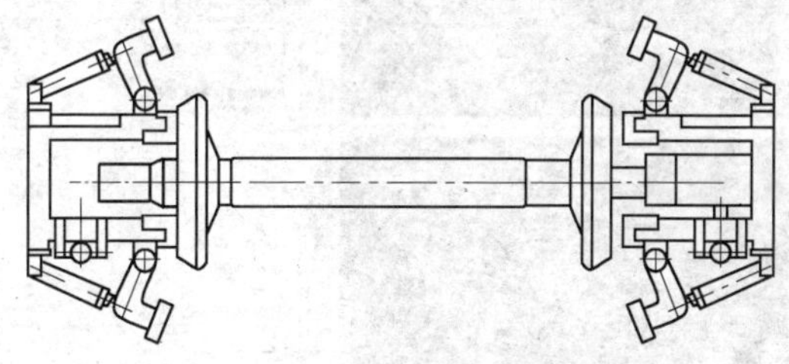

图 3-53　压装左轮示意图

3. 系统调试画面(见图 3-54):在该画面中操作者和维修人员可根据相应按钮的状态,检查机床某一部位的接近开关、限位或电磁阀的好坏或信号是否接通(白色圆圈表示信号未接通,红色表示信号已接通)。另外,还可以对压装记录系统的系统压力及其位移传感器进行校验和标定,以消除轮对压装的两项最关键因素——压力和位移的误差影响。

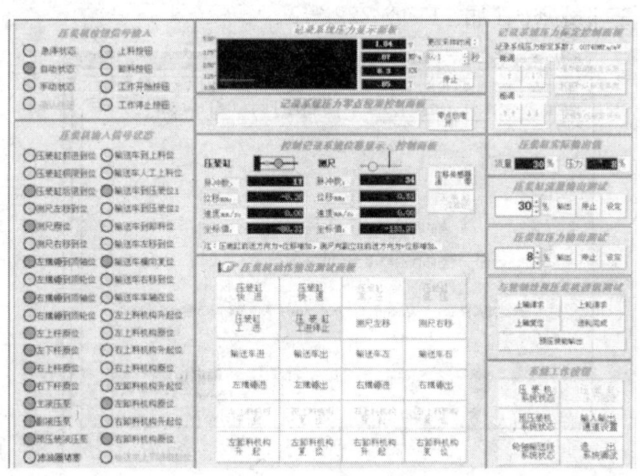


图 3-54　系统调试画面(F5)

4. 压装数据画面(见图 3-55):在该画面下,操作者可以分别按照轴号、压装时间、压装月份及时间段四种方式查询已压装完成的 $RE_{2B}$型轮对数据及压装曲线图。

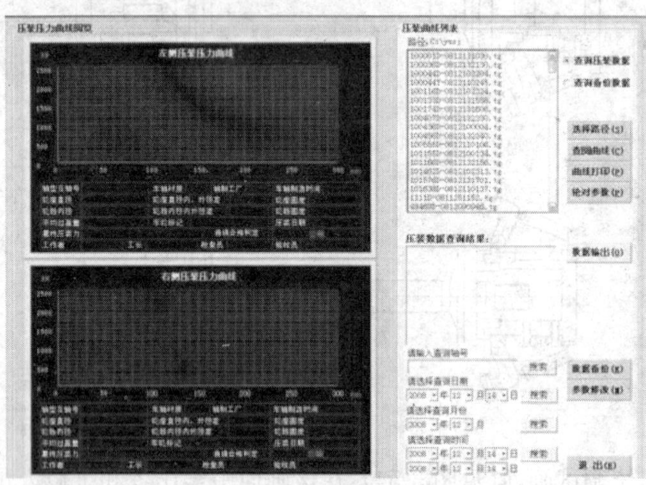

图 3-55　压装数据画面(F6)

5. 系统配置画面(见图 3-56):点击控制记录程序主画面中“设置”菜单内“系统配置参数设置”子菜单,即可进入系统配置画面。在该画面中,可选择不同的选项进行系统参数的设置。注意:进入系统配置参数画面需要输入管理员密码(如 111 或 222 等)。

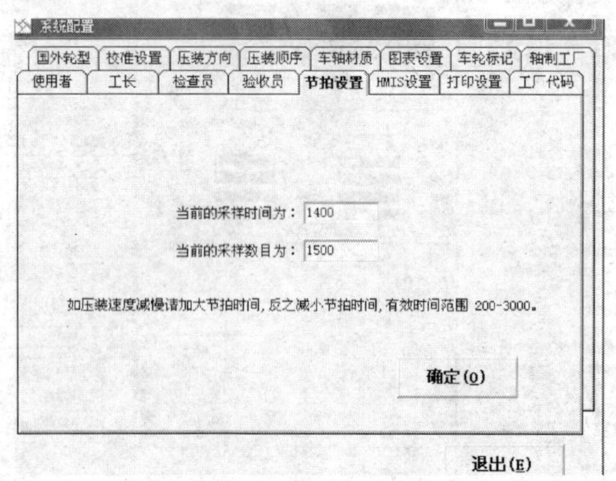


图 3-56　系统配置画面(F7)

6. 系统工作参数设置画面(见图 3-57):点击控制记录程序主画面中“设置”菜单内“系统工作参数设置”等子菜单,即可分别进入系统工作参数设置画面。在该画面中,操作者可以根据实际压装的要求,对主液压泵压力传感器、内外测尺关联尺寸、压装曲线处理、机构动作超时、压装缸压力传感器、压装缸位移传感器、测尺位移传感器和压装缸工作参数及机构到位延时等相应的参数进行设定,以达到最优化压装控制。

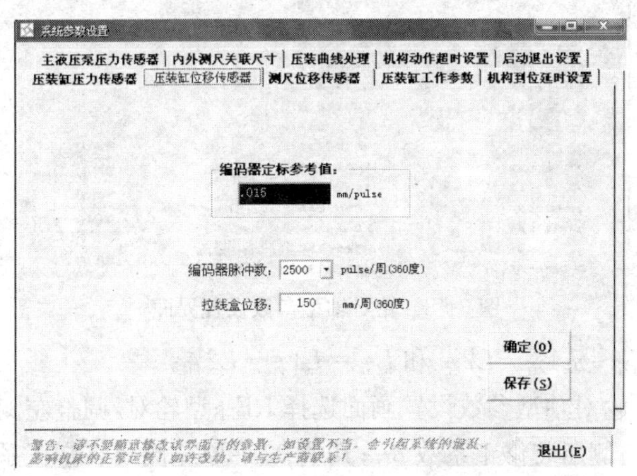


图 3-57　系统工作参数设置界面

7. 轮对轴型参数设置画面(见图 3-58):点击控制记录程序主画面中“设置”菜单内“轮对轴型参数设置”子菜单,即可进入轮对轴型参数设置画面。当由其他型式轮对(如 $RD_2$)更换为 $RE_{2B}$型轮对时,不仅需要更换压装工装(调整输送小车上 V 形支架高度、更换左右压头的上下压块来调节径向尺寸以满足车轴轮座的要求、改变两端摆锤锤头的长度来调节轴向尺寸以满足车轴长度的要求),还需要进入轮对轴型参数设置画面设定 $RE_{2B}$型轮对的相关参数和调整压装修正系数(当压装数据出现较大误差时也需要调整该系数)。

(1)压装工装尺寸改变时压装修正系数的调整

①仅更换左右压头的上下压块时不需要调整压装修正系数;

②测量新更换的左、右摆锤锤头长度为 $L1_{左}$ 和 $L1_{右}$,测量原有的用于系统校准的左、右摆锤锤头长度为 $L2_{左}$和 $L2_{右}$,分别计算左、右摆锤的

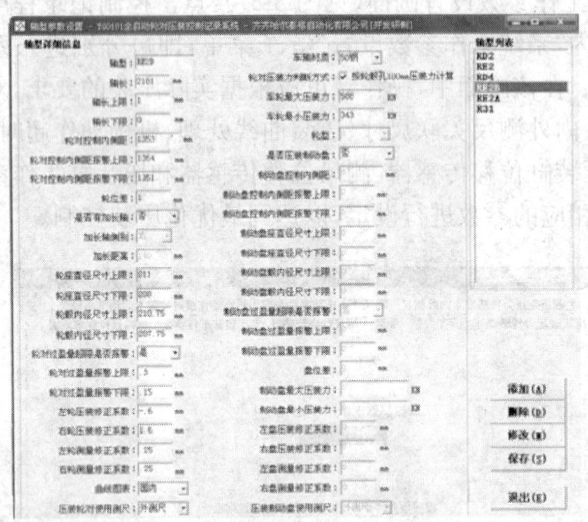


图 3-58　轮对轴型参数设置界面

长度差为 $E_{左}=L1_{左}-L2_{左}$ 和 $E_{右}=L1_{右}-L2_{右}$。

③进入轮对轴型参数设置画面选择 $RE_{2B}$型轮对，调整左侧压装修正系数 $\beta_{左}$和右侧压装修正系数 $\beta_{右}$；其中 $\beta_{左}$＝原左侧压装修正系数$-E_{右}$，$\beta_{右}$＝原右侧压装修正系数$-E_{左}$。注意：运算过程中 $E_{左}$和 $E_{右}$均为有符号数值，且仅更换一端摆锤锤头时只计算另一端的修正系数。

(2) 压装数据出现偏差时压装修正系数的调整

①人工测量压装完成的 $RE_{2B}$型轮对左轮位 $L1$ 和右轮位 $L2$（人工测量点为压装时测尺的接触点），计算轮位差 $E=L1-L2$。

②进入轮对轴型参数设置画面选择 $RE_{2B}$型轮对，调整左侧压装修正系数 $\beta_{左}$和右侧压装修正系数 $\beta_{右}$；其中 $\beta_{左}$＝原左侧压装修正系数$-\dfrac{E}{2}$，$\beta_{右}$＝原右侧压装修正系数$+\dfrac{E}{2}$。

### 3.2.6　轮对标记刻打设备

选择齐齐哈尔四达铁路设备有限责任公司生产的全自动气动标记打印机，完成 $RE_{2B}$型轮对组装单位标记（如 131 等）和组装日期（年月日）的刻打任务。全自动气动标记打印机主要由计算机、控制器、打印机、自动上下料系统、调节支架、打印针、气压调节阀和电缆及数据线等组成(见图3-59),其工作原理为操作者按一定的规则将需要打印的字符和图形预先输入计算机,计算机控制打印针按字符和图形的轨迹移动,压缩空气使打印针以每秒200次的频率往复运动,从而在$RE_{2B}$型轮对的轴端面上刻打出由连续点阵构成的字符和图形。

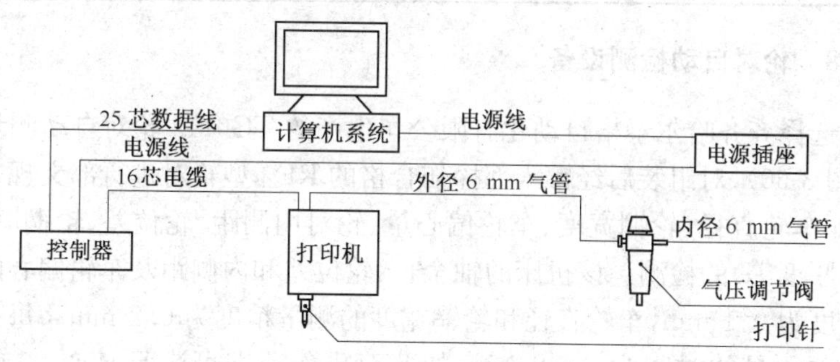


图3-59 全自动气动标记打印机的结构框图

### 3.2.7 轮对镶入部探伤设备

选择北京博力加机电技术发展中心生产的BLC-2000型数字超声探伤仪,对组装后的$RE_{2B}$型轮对镶入部进行探伤检查,查看是否有裂纹等影响铁路货车安全运用的质量问题存在。该设备的主要技术参数见表3-6所示。

表3-6 BLC-2000型数字超声探伤仪主要技术参数

| 序号 | 参数明细 | 参数值 |
|---|---|---|
| 1 | 总增益 | ≤110 dB |
| 2 | 分辨率 | 0.1 dB |
| 3 | 水平线性 | ≤1% |
| 4 | 垂直线性 | ≤5% |
| 5 | 钢中纵波最大探测距离 | 5 000 mm |
| 6 | 钢中纵波纵向分辨率 | ≥26 dB |
| 7 | 系统灵敏度余量 | ≥46 dB |

续上表

| 序　号 | 参数明细 | 参数值 |
|---|---|---|
| 8 | 距离读数 | 0.1 mm 分辨率的声程 |
| 9 | 采样频率 | 40 MHz |
| 10 | 频率范围 | 0.5～15 MHz |
| 11 | 动态范围 | ≥26 dB |

### 3.2.8　轮对自动检测设备

选择齐齐哈尔泰格自动化有限公司生产的 TG0112 轮对自动测量机(见图 3-60),对组装后经镶入部探伤合格的 $RE_{2B}$ 型轮对进行部文规定参数(如车轮直径、轮辋宽度、车轮偏心量、轮对内测距、轮位差、轮辋厚度、轮缘厚度等)的检测。该机床的轴全长、轮位差和内侧距及车轮偏心的测量精度为 0.1 mm,车轮直径和轮辋宽度的测量精度为 0.2 mm。每条轮对全项测量的时间为 6～8 min,如此双班作业即可满足日产 20 辆份 $RE_{2B}$ 型轮对的任务。

图 3-60　TG0112 轮对自动测量机

TG0112 轮对自动测量机主要由机床本体、液压系统、检测系统、计算机控制系统和输入输出系统及操作系统等部分组成(见图 3-61),其原理框图与 TG0101 全自动轮对压装机的原理框图相同。

TG0112 轮对自动测量机的控制主程序采用 VB 语言进行开发,经由主窗口(见图 3-62)可分别进入测量操作画面、参数设置画面、伺服状态画面、数据管理画面、通道测试画面和传感器调试画面。

1. 测量操作画面(见图 3-63):该画面下,操作者可以选择被测轮对

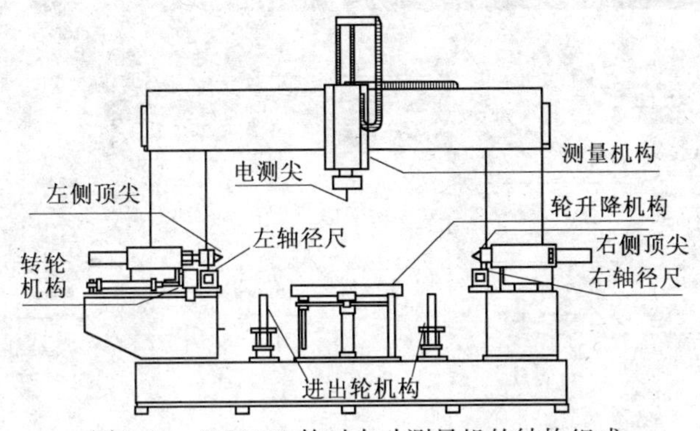


图 3-61　TG0112 轮对自动测量机的结构组成

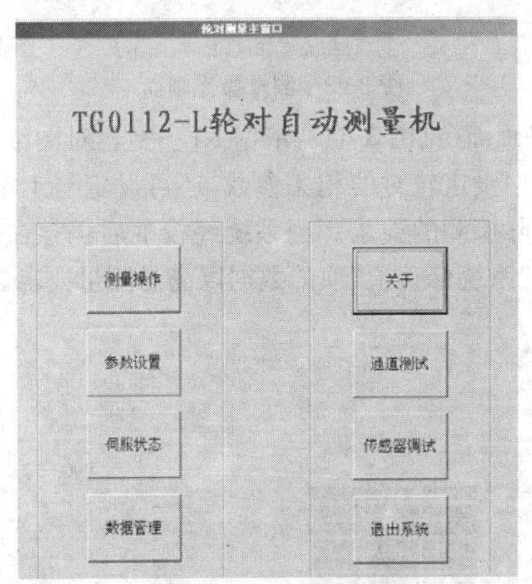


图 3-62　TG0112 轮对自动测量机控制主窗口

型式(如 $RE_{2B}$或 $RD_2$ 等),手工输入被检测轮对的车轴号及其锻造日期(也可不输入),用鼠标点击[测量]按钮后,机床将完全按照铁标要求对 $RE_{2B}$型轮对的相关数据进行检测。另外,为了修正机床的系统误差,并使测量值能真实地反映所测轮对的实际情况,每次开启系统后,均应利用 $RE_{2B}$型校准轮进行系统校准(在测量操作画面,点击[校准开始]按钮即可),并填写《开机校准记录》。

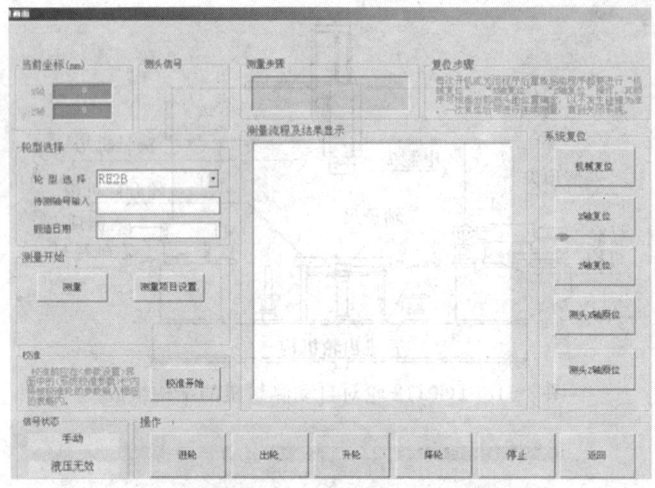


图 3-63　测量操作画面

2. 参数设置画面(见图 3-64):依据 $RE_{2B}$ 型轮对图纸和工艺文件,操作者可在该画面中设定轮对的相关参数,还可设定与十字探针相关的参数以适应轮对实际探测的要求。当系统经校准后仍存在较大的误差时,可更改该画面内"系统修正值"项的数据以满足测量要求。

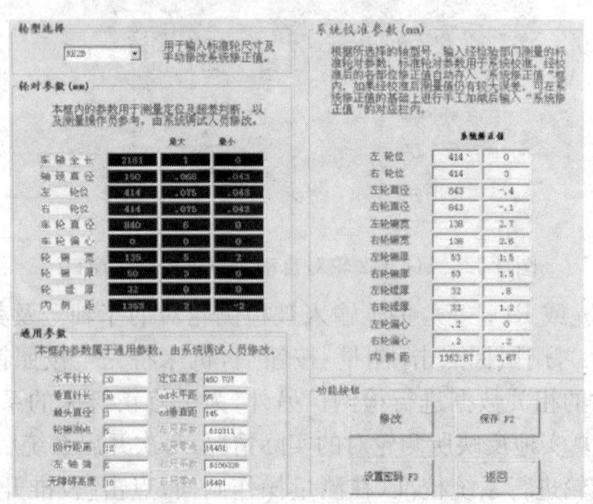


图 3-64　参数设置画面

3. 通道测试画面(见图 3-65):在该画面下,电气维修人员可根据相应按钮的状态,检查机床某一部位的接近开关、限位或电磁阀的好坏或信号是否接通。右侧是床身各部位的接近开关和限位的状态,白色圆圈表示信号未接通,红色表示信号已接通;左侧按钮与电磁阀一一对应(见图 3-66),主要控制机床对应油缸的动作。

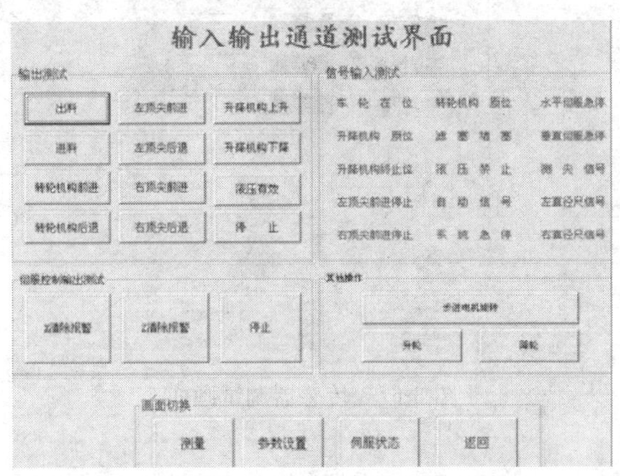


图 3-65　通道测试画面

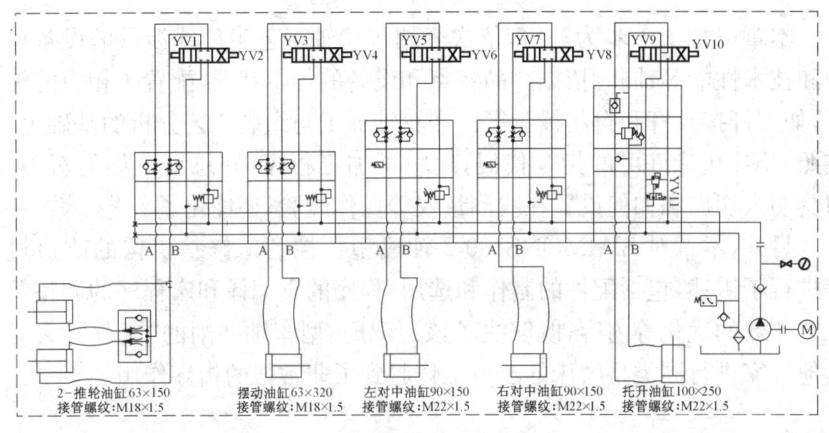


图 3-66　TG0112 轮对自动测量机液压原理图

4. 传感器调试画面(见图 3-67):在该画面中,操作者可分别选择左侧车轮直径、右侧车轮直径和全部校零点三种不同的方式,对机床使用的

ZL4200 型磁致伸缩非接触式位移传感器进行零点的校准，以保证系统测量的准确性。

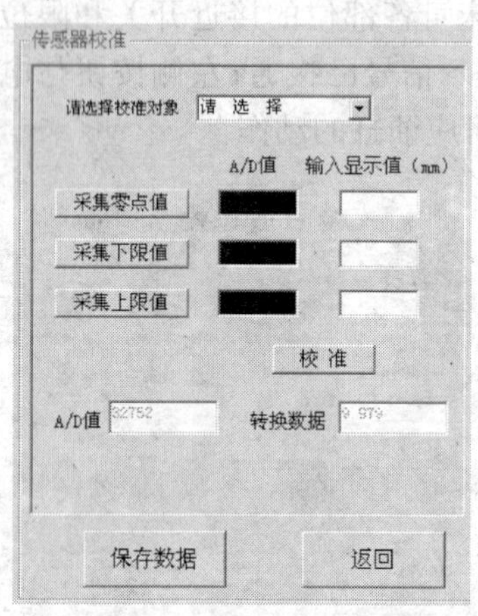


图 3-67　传感器调试画面

## 3.3　本 章 小 结

本章以加工工步为顺序，依次介绍了轮轴工艺生产线涉及的设备型号和技术性能等；同时依据产品特点和设备的加工状况，配置了相应的辅具，如刀杆接长杆和自动拨盘等。在轮轴加工与组装工艺分析的基础上，按照 CNC 机床许可的指令代码，编辑了加工程序，并总结了如何对刀、刀具切入切出和如何设置在线测量仪等操作经验；还优化了工艺参数。

另外，本章对 SIMMONS480-2 轴成型数控磨床修整机构的改造过程进行了讲述，包括配件的制作和选用、程序的重编译和宏程序的调整及工艺参数的优化等内容，既解决了该厂 $RE_{2B}$ 型车轴磨削的“瓶颈”，又对其他厂家进行同类型磨床的改造工作起到了非常强的指导作用。

# 4 生产过程中常见质量问题原因分析

在车辆轮轴加工与组装过程中，工具、工装和设备等出现异常问题，将造成产品的实物质量与图纸要求不相符，甚至出现废品，这样就无谓地增加了铁路货车制造成本。另外问题轮轴一旦装车使用，将给铁路货车的行车安全造成很大的安全隐患，甚至导致车毁人亡，给国家和人民带来不可估量的损失。因此，严格控制车辆轮轴的加工组装质量，对企业、对国家、乃至对每一个人都是非常重要的一件事情。

## 4.1 车轴加工过程中常见质量问题原因分析

### 4.1.1 车轴半精车加工常见质量问题原因分析

1. 加工路径的优化选择：根据 $RE_{2B}$型车轴的工艺分析，其轴颈根部和防尘板座根部分三刀，其余部位一刀完成半精车加工。通常可有两种加工方法：第一种是先进行车轴轴颈根部和防尘板座根部的分刀加工，再使刀具快速移动至车轴右端面的 $A$ 点进行后续加工；第二种是刀具自车轴右端面的 $A$ 点切削至 $C$ 点，再抬刀进行轴颈根部和防尘板座根部的分刀加工，最后自 $C$ 点起完成第三刀的半精车加工。第二种加工方法比第一种加工方法能够有效地减少刀具空移次数，从而缩短了车轴批量加工时间，因此选用第二种加工方法（见图 4-1）。第二种加工方法的刀具路径依次如下：

(1)由起始点接近 $A$ 点；

(2)经 $B$ 点切削至 $C$ 点；

(3)抬刀至 $C_1$ 点，进行第一刀切削；

(4)经 $D_1$、$E_1$、$F_1$、$H_1$、$J_1$ 点切削至 $K_1$ 点并快退至 $C_{01}$点；

(5)进给至 $C_2$ 点，进行第二刀切削；

(6)经 $D_2$、$E_2$、$F_2$、$H_2$、$J_2$ 点切削至 $K_2$ 点并快退至 $C_{02}$ 点；

(7)进给至 $C_0$ 点，进行最后一刀切削；

(8)经 $C$、$D$、$E$、$F$、$G$、$H$、$J$、$K$ 点切削至 $L$ 点，并快退至 $L_0$ 点；

(9)回退至起始点。

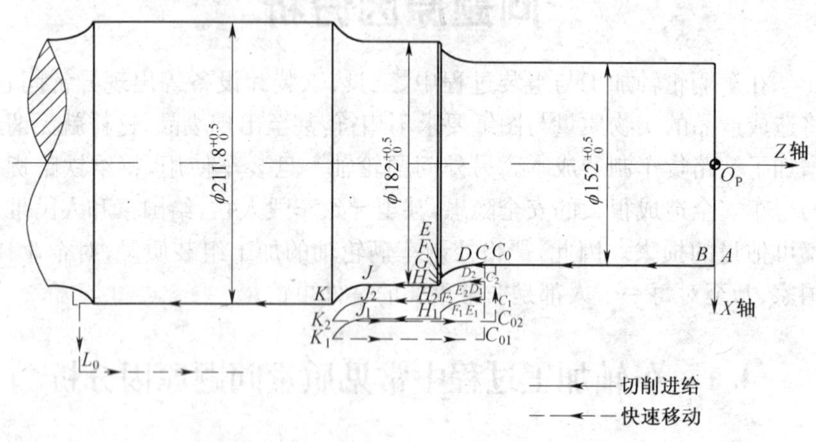


图 4-1　$RE_{2B}$型车轴半精车加工的刀具轨迹和基点图

2. $RE_{2B}$型车轴半精车加工常见质量问题和原因分析

(1)车轴两端面毛刺严重：半精车加工完毕的 $RE_{2B}$型车轴两端面毛刺严重，影响本工序的加工质量，致使精车加工工序无法进行车轴的端面对刀，并给操作者带来一定的伤害(如划伤等)。

①原因：加工程序中未加入锐角倒钝(即圆弧过渡)，刀具直接自 $A$ 点切削至 $C$ 点造成的。

②解决方法：修改车轴的半精车加工程序，在车轴端面的尖棱处添加一较小的圆弧过渡(如 $R1.2$ mm)；同时严格控制车轴的端面对刀，若端面对刀误差超出过渡圆弧的半径值，则该过渡处将出现凸台。

(2)车轴轴颈距端面 170～180 mm 处存在凸台：半精车加工完毕的车轴轴颈距端面 170～180 mm 处存在的凸台，不仅影响了本工序的加工质量，还威胁着车轴的精车加工和磨削加工，严重时凸台经磨削加工后仍不能消除而导致车轴报废。

①原因：刀具在车轴轴颈上的抬刀点 $C$ 与最后一刀的切入起始点 $C_0$ 重合或 $C_0$ 点的 $Z$ 向坐标值小于 $C$ 点的 $Z$ 向坐标值。

②解决方法：调整 $C$ 点和 $C_0$ 点的位置，使 $C_0$ 点的 $Z$ 向坐标值大于 $C$ 点的 $Z$ 向坐标值，一般 2～8 mm；同时修改加工程序。

(3)车轴加工过程中频繁出现无规律的扎刀：在采用 LC34-300 卧式数控车床进行 $RE_{2B}$ 型车轴半精车加工的过程中，频繁出现无规律的扎刀问题，且多数发生在车轴端面附近（见图 4-2），少数发生在车轴轴颈根部、防尘板座根部或防尘板座上。扎刀后的车轴绝大多数报废，无法再修复使用。据统计 3 个月内的废轴数量达到 12 根，每根车轴约 5 600 元，合计计算经济损失近 7 万元。

①采用排除法，依次进行了 $X$ 轴滚珠丝杠副传动精度的检测和增量式编码器（见图 4-3）的更换及电动机轴与滚珠丝杠轴的联轴器紧固等工作，无规律的扎刀问题依然存在。

②遂更换了 $X$ 轴的编码器数据线，机床运行一段时间后未出现扎刀问题，故判定为数据线抗干扰性能下降或中间断线造成扎刀。

③另外，$RE_{2B}$型车轴的全长 $2\,181^{+1}_{0}$允差 1 mm，通常全长为2 181.8 mm；针对扎刀多数发生在车轴端面附近这一现象，可进一步优化车轴的半精车加工程序，使扎刀引起的废轴危害降至最低。即刀具先 $Z$ 向切削 0.4 mm 后，退刀并 M00 指令等待操作者粗测车轴直径。若直径尺寸小于规定数值时，可将该 0.4 mm 厚的截面车削掉，重铣中心孔后仍能满足加工要求（见程序 00212）。

图 4-2　车轴半精车加工扎刀图

图 4-3　$X$ 轴编码器拆卸图

```
:0212(RE2B-152.25-212.05);
M31;
M10;
G40;
G28U0W0;
T0404;
M08;
G97S350M03;
G00Z1.0;
X175.0;
G98;
X155.;
G01X152.25F200;
Z-0.4F80;
G01Z3.F120;
M00;
S350M03;
G04X5.;
G01X149.85F200;
G42Z0.;
G03X152.25Z-1.2R1.2F120;
…………;
```

(4)加工过程中 $RE_{2B}$ 型车轴轴颈根部出现异型(见图 4-4):异型为 $RD_2$ 型车轴半精车加工后的轮廓,究其原因为错用 $RD_2$ 型车轴半精车加工程序进行 $RE_{2B}$ 型车轴的半精加工,加工过程中首先表象为刀具在轴颈根部吃刀量大,既而防尘板座、防尘板座根部和轮座部位加工不到。

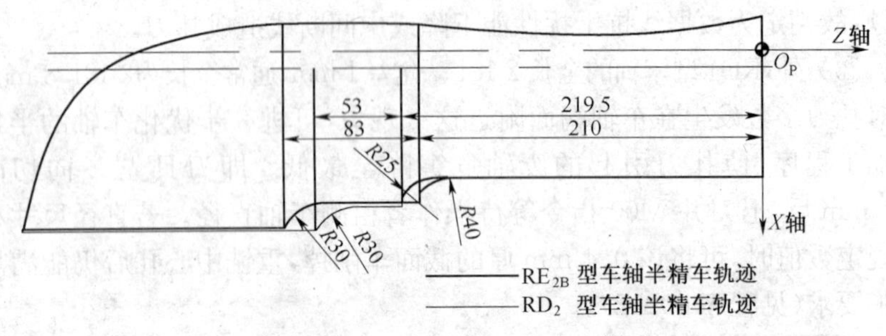


图 4-4 $RE_{2B}$型车轴与 $RD_2$ 型车轴半精车加工轨迹比较

(5)因机械负载过大阻止伺服电动机正常运转,致使机床发生 411# 报警(FANUC 系统)而无法继续加工工件。

①伺服 $X$ 轴执行插补指令时,指令值随时分配脉冲,反馈值随时读入脉冲,误差计数器随时计算实际误差值。当指令值和反馈值中的任何一个不能正常工作时,误差计数器的数值变大,随即出现“411# X-AXIS EXCESS ERROR”报警(即 $X$ 轴移动中的位置偏差量超出参数 #1828 的设定值)。常规思维会根据报警提示修改 CNC 参数 #1828 的设定值,但修改参数 #1828 后机床随即出现伺服放大器“414# X-AXIS DE-

TECT ERROR”报警，故不能通过此法解决问题。

②一般在数控机床的半闭环控制系统（见图 4-5）中，反馈环节的不良如编码器损坏或反馈电缆断线、破皮等，致使反馈信息不能准确传递到 CNC 系统中，将出现 411＃报警。另外指令脉冲虽发出，但在执行过程中出了问题也会出现 411＃报警，导致报警的问题可能是伺服放大器故障（如驱动晶体管击穿、驱动电路故障、动力电缆断线或虚接等）、伺服电动机损坏（如电动机进油或进水，电动机匝间短路等）或机械过载（如导轨严重缺油、导轨损伤，滚珠丝杠副损坏、滚珠丝杠副两端支承轴承不良，联轴器松动或损坏等）阻止了伺服电动机的正常转动。

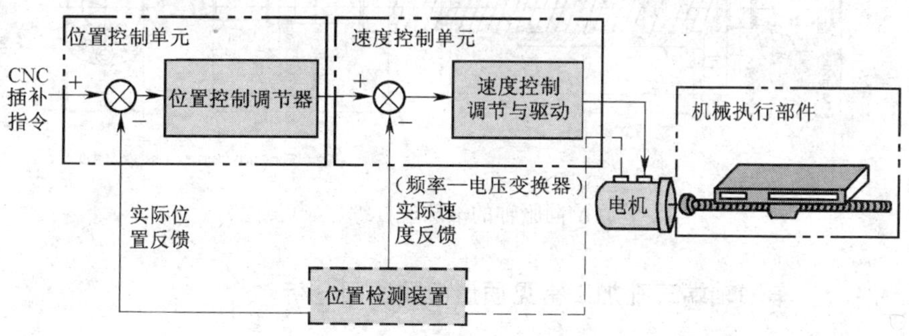


图 4-5　数控机床的半闭环控制系统

③当反馈环节不良造成该机床出现 411＃报警，是由于机床 $X$ 伺服轴反馈环节的编码器与 α30/3000i 型伺服电动机（电动机代码 203）脱开，而导致误差计数器不工作。重新固定编码器后，试机报警解除，机床正常工作。

④当 $X$ 轴滚珠丝杠副端头的 M35×1.5 紧固螺母松开（见图 4-6）而形成 1 mm 左右的移动间隙时，也将造成机床出现 411＃报警。紧固 M35×1.5 螺母后，试机报警解除，机床正常工作。

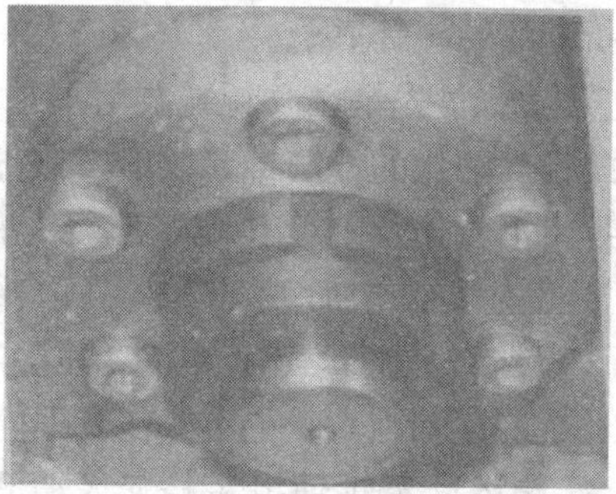

图 4-6　滚珠丝杠副的紧固螺母（M35×1.5）

⑤当 $X$ 轴滚珠丝杠副的润滑严重缺失和铁屑漏进导轨槽内

时，滚珠丝杠副会锈死而造成机床出现 411＃报警。考虑从机床制造厂(台湾)购买滚珠丝杠副费用较高，13 000 元/根且周期较长，遂更换由南京工艺装备制造有限公司定制的滚珠丝杠副(见图 4-7，材质 GCr15、规格 FFZD5010T-5-P3/1442×1143)并恢复 X 轴的润滑功能和机床防护罩。试机报警解除，机床正常工作。

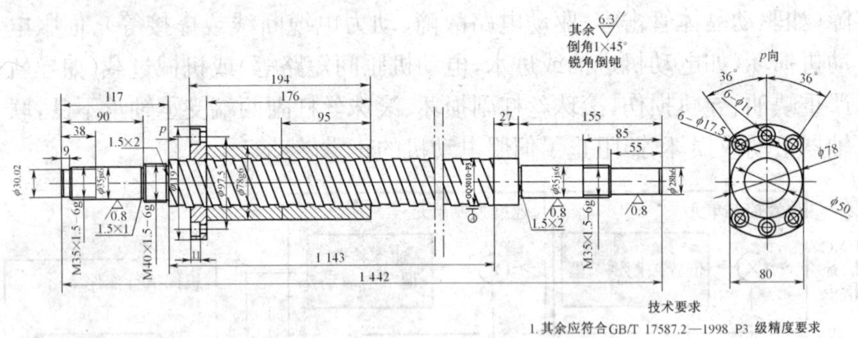


图 4-7　X 伺服轴的滚珠丝杠螺母副(测绘)

## 4.1.2　车轴轴端三孔加工常见质量问题原因分析

$RE_{2B}$型车轴在轴端三孔的加工过程中，常常因设备、工具或工装的状态不良等，出现以下两种质量问题。

1. 加工过程中钻头、铰刀、丝锥折断

当折断的钻头、铰刀、丝锥剩余量大于螺栓孔的深度时，可用钳子等工具手工取出；当其剩余量小于螺栓孔的深度时，普通工具手工就无法再将折断的钻头等取出。

为此，早先是在取断锥专用工装(见图 4-8)上采用电焊施以大电流将断锥等融化的方法将其取出。该方法对电焊工的操作水平要求较高，施焊时不能伤及螺栓孔内壁。因为断钻头和铰刀的车轴在折断物取出后，还需进行二次加工，若螺栓孔内壁被损伤，则损伤部位的硬度较高，致使钻头或铰刀加工不动，严重者无法进行攻丝加工而使车轴报废。另外，断丝锥的车轴施焊时更不能伤及螺栓孔内壁，否则工件的螺纹受损，将不符合《铁路货车轮轴组装检修及管理规则》(铁运〔2007〕98 号)第二篇 3.9.3.5“轴端螺栓孔须用螺纹塞规进行检查。用通端螺纹塞规测试时须旋合通过；用止端螺纹塞规测试时，新制螺纹在距端面 3 扣内须止住，且止规不得有明显晃动（手试）；检修螺纹有损伤或滑扣时，累计不得超过 3 扣，且不得连续，毛刺须清除……”的要求，使得取出断锥后的车轴不能被立即投入使用，只能按照铁运〔2007〕98 号第二篇 3.9.3.4“轴端螺栓孔不能使用时，可将原螺栓孔堵焊，并移位 60°加工。堵焊螺栓孔前，须清除螺栓孔内的铁屑及杂物，将螺杆前端车削制成 120°角后旋入到螺栓孔中，后端距车轴端面为 2～4 mm，然后再堵焊，并作修平处理。轴端螺栓孔只可移位加工一次，轴端螺栓孔一端已堵焊时，另一端不得再堵焊”的要求，对螺栓孔进行堵焊后的再次加工，若仍然出现钻头等折断的情况，继续沿用电焊融化法将折断的钻头等取出。然而车轴螺栓孔的多次加工无疑极大地增大了工件报废的危险性，会造成制造成本的严重浪费。

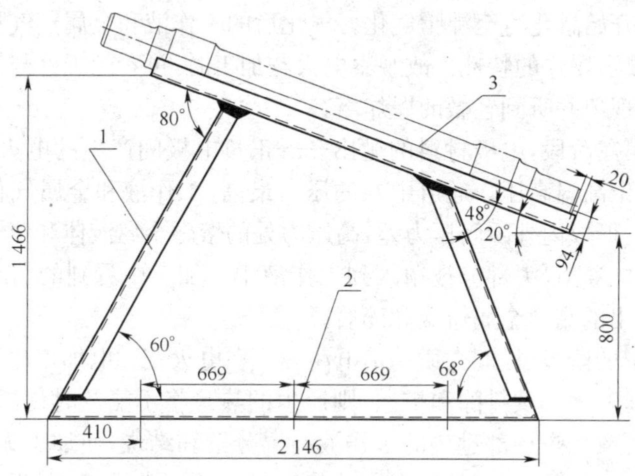


图 4-8　电焊融化法取断锥专用工装

1—专用工装；2—固定用膨胀螺栓；3—$RE_{2B}$型车轴

针对电焊融化法取车轴断锥所带来的诸多问题，目前该单位采用 DSZ1400 电火花专用机床（见图 4-9）取 $RE_{2B}$ 型车轴螺栓孔内折断的钻头、丝锥等。其工作原理是基于电火花腐蚀的特性，即在工具电极与工件电极相互靠近时，极间形成脉冲性火花放电，在电火花通道中产生瞬时高温，使局部金属（折断的钻头、丝锥等）融化、甚至汽化，从而将金属蚀除下来。该过程大致分四个阶段：

(1)第一阶段，极间介质的电离和击穿，形成放电通道(即由大量带正电和负电的粒子及中型粒子组成)，带电粒子高速运动并相互碰撞而产生大量的热能，使得通道内温度升高，通道中心温度可达到10 000 ℃以上。由于放电开始阶段通道截面很小，而通道内有高温热膨胀形成的高达几万帕的压力，高温高压的放电通道急速扩展，并产生一个强烈的冲击波向四周传播。在放电的同时还伴随着光效应和声效应，这就形成了肉眼所能看到的电火花。

(2)第二阶段，电极材料的融化和气化热膨胀——液体介质被电离和击穿，形成放电通道后，通道间带负电的粒子奔向正极，带正电的粒子奔向负极，粒子间相互撞击而产生大量的热能，使通道内瞬间达到很高的温度。通道高温首先使工作液气化，然后高温向四周扩散，使两电极表面的金属材料开始融化直至沸腾气化。气化后的工作液和金属蒸气瞬间体积猛增，形成了爆炸的特性。故观察电火花加工时，可看到工件与工具电极间有冒烟现象并听到轻微的爆炸声。

(3)第三阶段，电极材料的抛出——正负电极间产生的电火花，使放电通道产生高温高压。通道中心的压力最高，工作液和金属气化后不断向外膨胀，形成内外瞬间压力差，高压力处的熔融金属液体和蒸气被排挤而抛出放电通道，大部分被抛入到工作液中。加工中看到的桔红色火花就是被抛出的高温金属熔滴和碎屑。

(4)第四阶段，极间介质的消电离——在电火花放电加工过程中产生的电蚀物，若来不及排除和扩散，则产生的热量将不能及时传出，便使该处介质局部过热，局部过热的工作液高温分解和结炭，使加工无法进行，并烧坏电极。因此为了保证电火花加工过程的正常进行，在两次放电间须有足够的时间间隔让电蚀产物充分排除，以恢复放电通道的绝缘性，使工作液介质消电离。

使用DSZ1400电火花专用机床时，将工件2放在工作台3的V形铁4上，调节立柱13的滑枕到合适高度，转动手轮11调节横梁滑枕到合适位置，转动手轮12使主轴加工移动到合适位置，把功能波段开关置于“对刀”位置，进行电极调正，调节电极(取钻头用$\phi$16 mm的紫铜管，取铰刀用$\phi$18 mm的紫铜管，取丝锥用$\phi$20 mm的紫铜管)与工件距离到合适位置，然后放电加工。使用DSZ1400电火花专用机床取出折断钻头、铰刀

或断锥后的 $RE_{2B}$ 型车轴螺栓孔内壁或丝扣没有任何损伤，且经螺纹通止塞规测试合格后可直接投入正常使用；如此不但节省了返工返修费用，而且大大降低了车轴报废的风险系数。

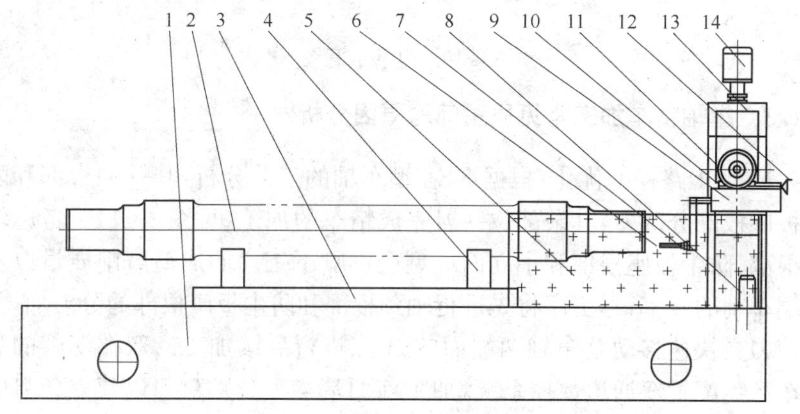


图 4-9　电火花取 $RE_{2B}$ 型车轴断锥示意图

1—机床床身；2—$RE_{2B}$ 型车轴；3—工作台；4—V 形铁；5—挡油板；6—电极（紫铜管）；7—钻夹头；8—油泵；9—主轴头；10—横梁；11—横梁调节手轮；12—二次行程手轮；13—立柱；14—立柱电动机

2. 三螺栓孔 120°坡口尺寸不稳定（时大时小），甚至没有

$RE_{2B}$ 型车轴在 SJX-9013 钻扩攻组合机床装夹定位时，是以车轴的左端面为定位基准的，并以此调节左端动力箱上钻头和铰刀及丝锥的长度；而机床右端不能够实现精确定位，通常是根据 $RE_{2B}$ 型车轴的全长 $2\ 181^{+1}_{0}$ mm（统计表明外购车轴全长一般控制在 2 181.5 mm）来调节右端动力箱上钻头和铰刀及丝锥的长度。但在实际加工中，偶尔会遇到车轴全长尺寸在 2 181.5 mm 左右浮动变化，因此当车轴全长 $<2\ 181.5$ mm 时，其三螺栓孔的 120°坡口会小于规定尺寸；当车轴全长 $>2\ 181.5$ mm 时，其三螺栓孔的 120°坡口会大于规定尺寸。

（1）当三螺栓孔的 120°坡口小于规定尺寸时，一般采用电磨（见图 4-10）对 120°坡口进行磨修至规定尺寸。

（2）当三螺栓孔的 120°坡口大于规定尺寸时，则充分利用车轴全长的 1 mm 公差，对车轴端面进行车削，以使螺栓孔的 120°坡口符合要求，若被车削的轴端面带有字头，则需要重新补打字头。

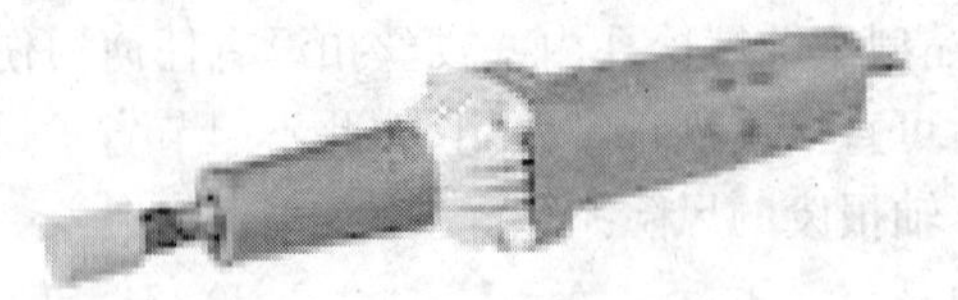

图 4-10　电磨示意图

### 4.1.3　车轴精车加工常见质量问题原因分析

1. 加工路径的优化：根据 $RE_{2B}$ 型车轴的工艺分析，其轴颈根部和防尘板座根部分两刀，其余部位一刀完成精车的加工(见图 4-11)。考虑轴颈根部、防尘板座根部和小立面成型会影响下工序的成型磨削质量以及双端车削的效率，本工序将先进行轴颈根部和防尘板座根部的分刀加工，再使刀具快速移动至车轴两端面的 $A$ 点进行后续加工。双端切削的数控车床需配置双通道数控系统，加工前两端均需分别对刀以建立各自的工件坐标系 $X1Z1\text{-}O_{P1}$ 和 $X2Z2\text{-}O_{P2}$；加工时两端同时进刀切削，并采用 CNC 系统允许的等待指令优化进刀顺序。以左端主轴侧为例，介绍精车工序的刀具路径。

(1)由起始点快速移动接近 $C_1$ 点；

(2)经 $C_4$、$C_5$ 点切削进给至 $D_1$ 点，进行第一刀切削；

(3)经 $E_1$、$F_1$、$H_1$、$J_1$、$K_1$ 点切削至 $L_1$ 点，并经 $C_2$ 点快退至 $C_0$ 点；

(4)由 $C_0$ 点接近至 $A$ 点，进行最后一刀切削；

(5)经 $B$、$D$、$E$、$F$、$G$、$H$、$J$、$K$、$L$ 点切削至 $M$ 点，并快退至 $C_3$ 点；

(6)回退至起始点。

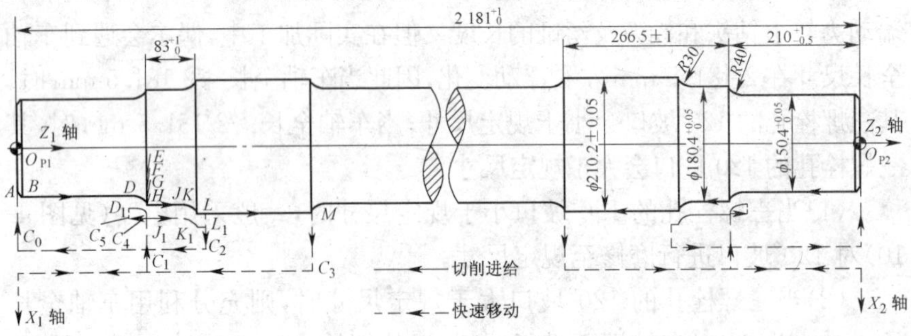


图 4-11　$RE_{2B}$ 型车轴精车加工刀具轨迹和基点图

2. $RE_{2B}$型车轴精车加工常见质量问题和原因分析

精车加工完毕的 $RE_{2B}$型车轴仅为后续磨削加工留有 0.3～0.4 mm 的加工余量，一旦加工余量较小或轴颈和防尘板座的圆度超差较大时，会导致磨削工序无法加工出合格的产品，从而车轴报废，所以说精车工序的加工质量在 $RE_{2B}$型车轴的各工序加工中相当重要。

(1)车轴两端面毛刺严重：精车加工完毕的 $RE_{2B}$型车轴两端面毛刺严重，不仅会影响本工序的加工质量，还会给操作者带来一定的伤害(如划伤等)。

①原因：加工程序中未加入锐角倒钝(即圆弧过渡)，刀具直接自 $A$ 点切削至 $B$ 点造成的。

②解决方法：修改车轴的精车加工程序，在车轴端面的尖棱处添加一较小的圆弧过渡(如 $R1.8$ mm)；同时严格控制车轴的端面对刀，若端面对刀误差超出过渡圆弧的半径，则该过渡处将出现凸台。

(2)加工过程中 $RE_{2B}$型车轴防尘板座距端面 220 mm(距小立面 10 mm)处扎刀：错用 $RD_2$ 型车轴精车加工程序进行 $RE_{2B}$型车轴精车加工而造成的，这是因为精车加工起刀时先扎小立面，且 $RD_2$ 型车轴的轴颈长度比 $RE_{2B}$型车轴的长 10 mm。

(3)加工完的车轴轴颈和防尘板座跳动量 0.1 mm 超差(见图 4-12)。

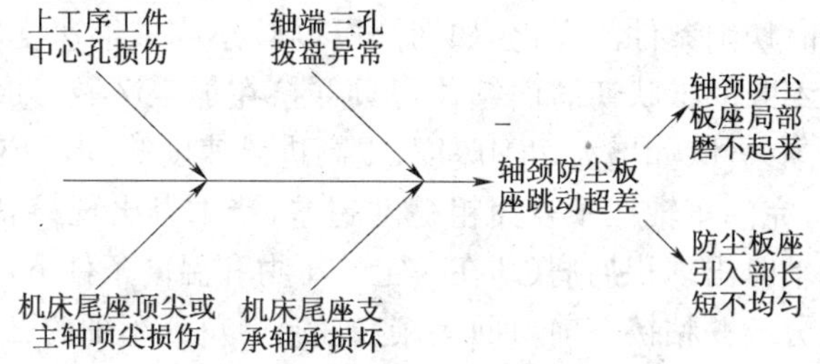


图 4-12　$RE_{2B}$型车轴轴颈和防尘板座跳动量超差的因果图

①上工序工件中心孔划伤，导致精车加工时车轴中心孔的 60°锥面不能与顶尖的 60°锥面完全贴合。解决方法：装夹工件前操作者应认真检查顶尖的质量，有轻微划伤时可用锉刀修平，划伤严重的应重新铣中心孔。

②轴端三孔拨盘异常，使拨盘的 3 件铜拨销与工件发生干涉而不能

插入靠近主轴侧的车轴三螺栓孔内。解决方法：按照图 4-13 所示修理或重新制作 3 件铜拨销装于自动拨盘的 $\phi$18 孔内。

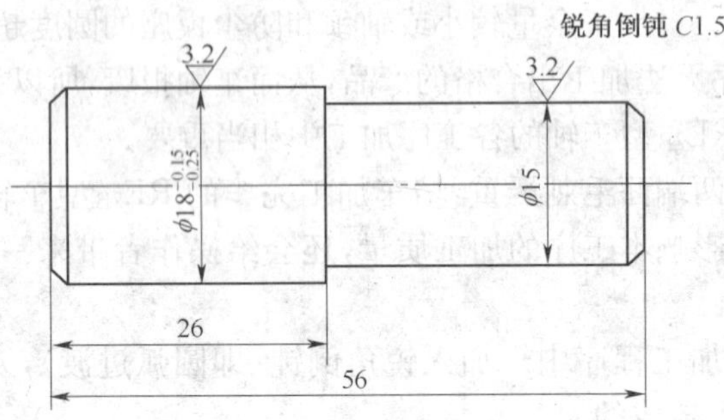


图 4-13 自动拨盘用铜拨销

③机床尾座顶尖或主轴顶尖损伤，导致精车加工时车轴中心孔的 60°锥面不能与顶尖的 60°锥面完全贴合。解决方法：装夹工件前操作者应认真检查顶尖的质量，有损伤的可用锉刀修平，损伤严重的应重新研磨顶尖或更换新顶尖。

④机床尾座支承轴承（型号 29413EX H1）状态不良，则需更换新轴承。

(4)小立面 5 mm 处双层皮致使磨削工序无法磨削掉该双层皮：此情况为精车削时切削条件的变化（如切削厚度较小或进给速度较小等），出现长的连绵不断的带状切屑而缠住刀具并挤在加工区域形成的，一般可通过改变切削条件（如增大切削厚度、提高进给速度等）消除该问题。

(5)加工完的车轴三颈表面粗糙度超差，严重者出现鳞刺：此情况为精车加工车轴时出现积屑瘤（即在一定的压力和温度条件下，切屑的底层部分与切屑分离并粘接在前刀面上）造成的，严重者车轴的已加工表面出现鳞片状的毛刺（即鳞刺）。此时可通过改变切削条件（如降低进给速度、提高刀具质量和加大冷却风的流量等）消除该问题。

(6)加工完的车轴三颈尺寸小于规定尺寸，甚至使工件报废：此情况为操作者使用外颈千分尺（量程 150～175 mm）测量轴颈直径时，读数错误导致半格未读而尺寸小了 0.5 mm（轴颈和防尘板座的直径分别为 $\phi$149.9 mm 和 $\phi$179.9 mm）；还有更换刀片后，$X$ 轴未重新对刀而产生加工误差，从而影响了车轴三颈的加工尺寸。外径千分尺的结构、刻线原理和读数方法如图 4-14 所示。

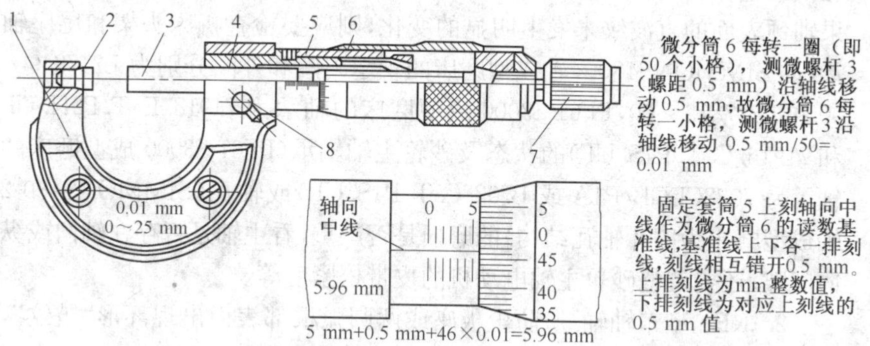


图 4-14 外径千分尺(0.01 mm)的结构、刻线原理和读数方法

1—尺架；2—测砧；3—测微螺杆；4—弓架；5—固定套筒；
6—微分筒；7—测力装置；8—锁紧装置

### 4.1.4 车轴成型磨削加工常见质量问题原因分析

使用 SIMMONS480-2 轴成型数控磨床和 PF61-S3000 成型数控磨床进行 $RE_{2B}$ 型车轴轴颈和防尘板座及两根部的成型磨削时，不仅会出现外圆通用磨削中遇到的类似问题，还有其特有的质量问题。

1. 车轴轴颈和防尘板座及两根部的表面呈现直波纹(见图 4-15)现象。

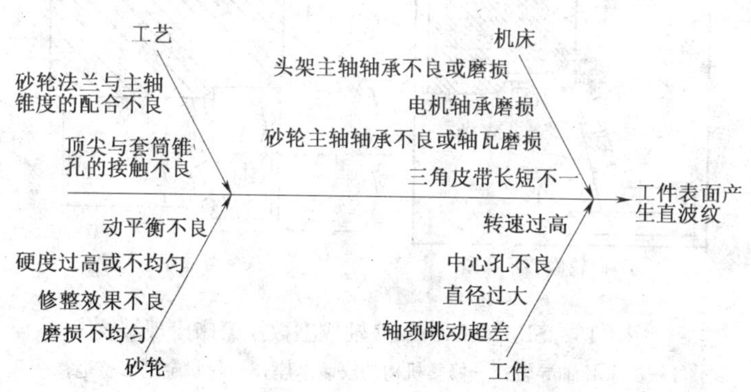


图 4-15 $RE_{2B}$ 型车轴轴颈等表面产生直波纹的因果图

一般先通过更换修整金刚笔、多次修整和动平衡砂轮、检查工件中心

孔或调整工件、砂轮转速等措施，看是否能消除轴颈等表面的直波纹。如果轴颈表面的直波纹未发生明显的变化，则应要检查机床头架和尾座轴承(如 SIMMONS480-2 轴成型磨床的轴承内圈和外圈分别为 L217849 * 00 和 L217813 * 00，PF61-S3000 成型磨床的轴承为 71918. E. T. P2H. UL 和 71916. C. T. P4S. UL)的状态及砂轮主轴轴承(PF61-S3000 成型磨床的轴承为 7028CDGB/P4A 或 B7028C. T. P4S. UL)或轴瓦(SIMMONS480-2 轴成型磨床为四片轴瓦结构)的磨损是否严重，看主轴是否存在轴向或纵向间隙；还要调整砂轮主轴电动机的皮带松紧度等。

2. $RE_{2B}$型车轴轴颈、防尘板座或两圆弧根部表面出现环形“皱纹”，手感呈凸台状(见图 4-16)。

(a) 机床运转中

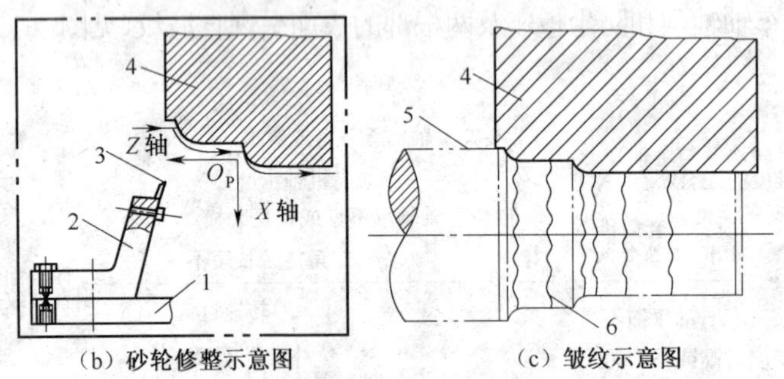


(b) 砂轮修整示意图　　(c) 皱纹示意图

图 4-16　SIMMONS480-2 轴成型数控磨床出现皱纹

1—机床 $Z$ 轴导轨；2—修整机构的安装基座；3—片状金刚修整笔；4—国产整体式砂轮；5—$RE_{2B}$型车轴；6—工件表面的环形皱纹

此情况为机床 $X$ 轴存在较大的轴向间隙，致使砂轮 4 未修整好(修整后的砂轮表面存在不均匀的凸台)，最终直接反映到工件 5 的加工表面上。产生轴向间隙的可能原因有：X 轴伺服电动机联轴节松动、预紧滚珠丝杠副的备母松脱、滚珠丝杠副状态不良（如滚珠麻点、滚道起皮或蚀坑等）等。经检查为滚珠丝杠副状态不良，丝杠滚道局部起皮有轻微蚀坑且滚珠存在麻点。

SIMMONS480-2 轴成型数控磨床为美国进口设备，相应尺寸为英制，从美国重新进口一根滚珠丝杠副，不但价格昂贵（136 800 元/根）且供货周期达半年之久，生产进度也不容许这样做。为此，使用单位在保证机床精度和滚珠丝杠螺距的前提下，对其测绘并委托南京工艺装备制造有限公司制作了一根价格仅为 5 200 元的国产化滚珠丝杠副（见图 4-17，材质 GCr15、规格 FFZ6310T-5-P3/1 024×780.2）用于 X 伺服轴上。运用一段时间证明：设备状态良好，产品质量相当稳定。

另外，滚珠丝杠副状态不良导致被磨削的 $RE_{2B}$ 型车轴表面存在环形“皱纹”的情况，在 PF61-S3000 成型数控磨床上也曾经出现过。该磨床配置了 SINUMERIK 840D 数控系统，其 X 轴的伺服执行机构采用带绝对式旋转编码器（海德汉 EQN1325-2048）的 1FT6 交流伺服电动机，位置检测装置为海德汉 LB382C 钢基直线光栅尺。由于该磨床的 X 伺服轴采用了全闭环控制方式（见图 4-18），且传动系统的刚度、间隙和导轨的爬行等各种非线性因素直接影响着系统的稳定性，严重时甚至产生振荡；因此，当存在轴向间隙的 X 轴进给时，机床会严重抖动而致使被修整的砂轮表面出现沟槽，最终直接反映在工件的加工表面呈环形“皱纹”。

该单位的技术人员运用常规解决方法（先查机械是否存在间隙，如进给轴导轨压板压紧力不均匀、丝杠和导轨的润滑不良或干燥及滚珠丝杠副状态不良等；再适当减小与闭环控制相关的伺服增益系数 ＃32200 POSCTRL_GAIN），检查发现 X 轴滚珠丝杠副状态不良，在丝杠副的滚道上存在麻点致伺服轴产生轴向间隙，从而导致机床进给时抖动。为此，该单位委托南京工艺装备制造有限公司根据测绘的图纸制作了一根价格仅为 4 800 元/根的国产化滚珠丝杠副（见图 4-19，材质 GCr15、规格 FFZD4005T-3-P4/876×750）用于 X 伺服轴上；同时将 X 轴伺服增益系数的参数＃32200 由默认值 2 降为 0.8。运用一段时间证明：设备状态良好，产品质量相当稳定。

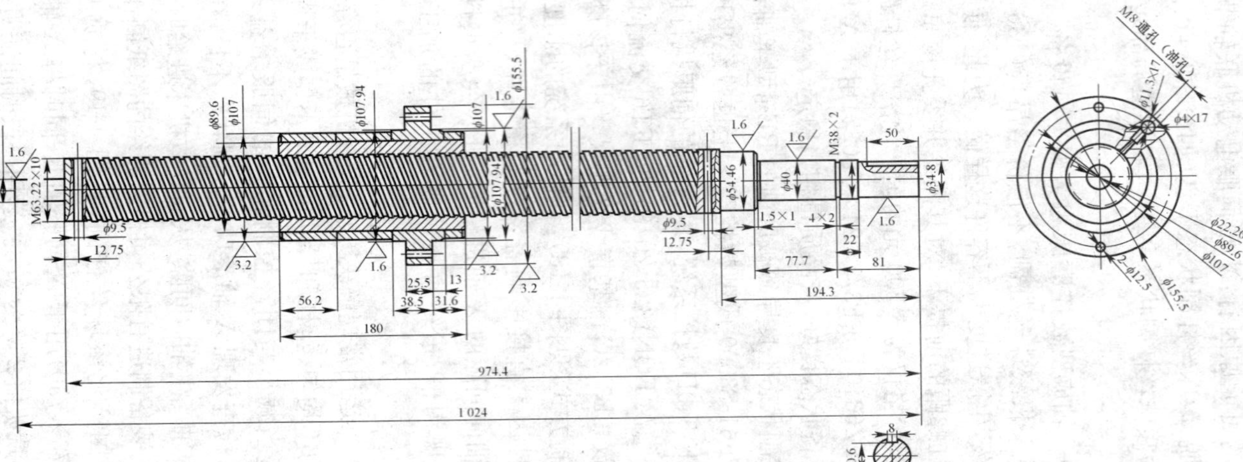


图 4-17　SIMMONS480-2 轴成型数控磨床的 $X$ 轴国产化滚珠丝杠副

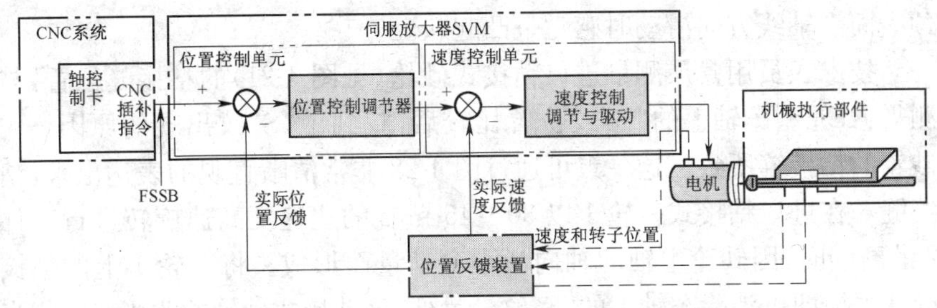


图 4-18　$X$ 伺服轴的全闭环控制方式示意图

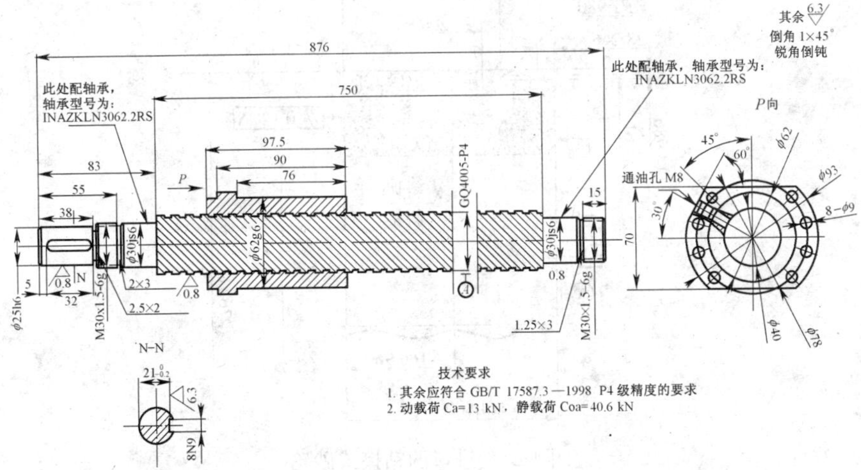


图 4-19　PF61-S3000 成型数控磨床的 $X$ 轴国产化滚珠丝杠副

3. 经由 SIMMONS480-2 轴成型数控磨床磨削过的 $RE_{2B}$ 型车轴轴颈表面在室内亮光下呈现一道“S”纹(周圈，见图 4-20)，用手指在车轴轴

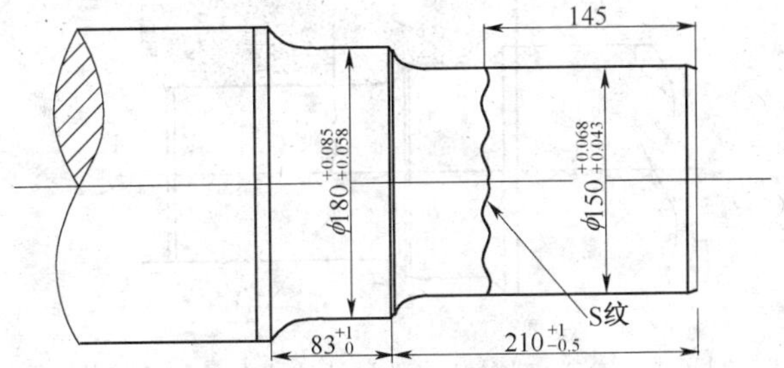


图 4-20　$RE_{2B}$ 型车轴轴颈表面的“S”纹

颈表面沿轴线方向滑动时感觉呈凸起状。

技术人员用盒尺测量进口粘接式砂轮(见图 4-21)的粘接缝位置,与测得 $RE_{2B}$型车轴上的"S"纹位置比较后,找到了"S"纹出现的原因——砂轮的粘接缝所致。这一点可通过图 4-22 非常清晰直观的表达出来,粘接缝 3 在进口粘接式砂轮 1 以 30～45 m/s 的线速度高速旋转进行工件 2 的磨削时,因砂轮主轴的轴向微小窜动量而形成。将砂轮 1 上的粘接缝 3 去掉即可消除车轴上的"S"纹。另外,该粘接式砂轮的购买费用相当

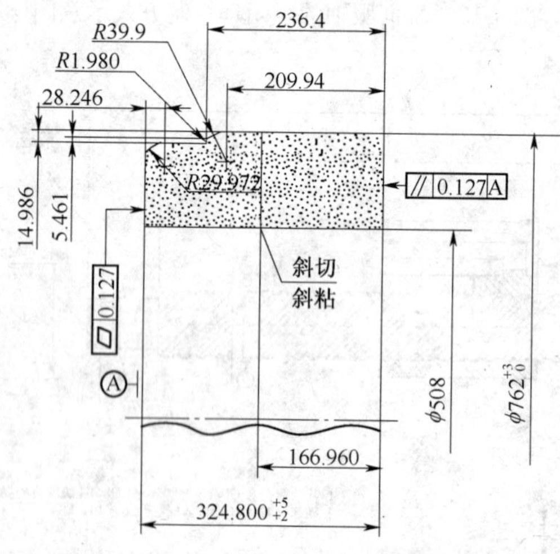


图 4-21　进口的粘接式砂轮

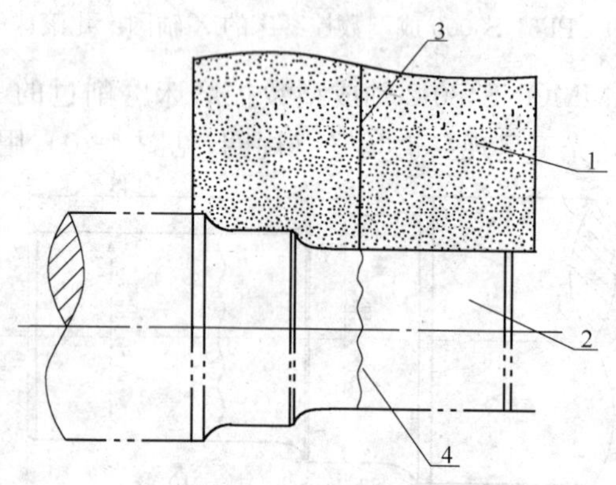


图 4-22　$RE_{2B}$型车轴与进口粘接式砂轮耦合示意图

1—进口粘接式砂轮;2—$RE_{2B}$型车轴;3—粘接缝;4—"S"纹

高，一般为 6.8 万元/片，且供货周期长达 5～8 个月，如此严重制约了该厂 $RE_{2B}$ 型车轴的生产进度。

为此，该单位设计了适合于 SIMMONS480-2 轴成型数控磨床的整体式砂轮（规格为 97025P742-325-508PA，见图 4-23），并联系国内砂轮制作厂家成功进行了国产化。国产化后的砂轮每片价格仅为 2 万元，供货周期为 2～3 周；此举不但节约了砂轮购置费用、降低了造车成本，而且解决了该厂 $RE_{2B}$ 型车轴磨削的生产"瓶颈"。

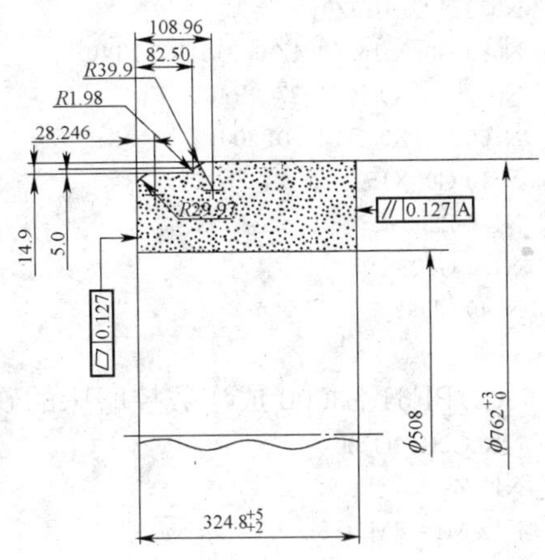


图 4-23　可消除"S"纹的国产整体式砂轮

4. 车轴轴颈与防尘板座的直径尺寸配比超差：$RE_{2B}$ 型车轴轴颈直径和防尘板座直径的规定尺寸分别为 $\phi150^{+0.068}_{+0.043}$ mm 和 $\phi180^{+0.085}_{+0.058}$ mm，在编辑砂轮廓型的修整程序时均取中值。在 $RE_{2B}$ 型车轴磨削过程中，SIMMONS480-2 轴成型磨床和 PF61-S3000 成型磨床通过 Marposs 在线径向测量仪仅控制车轴单截面的轴颈直径，进而间接控制车轴的防尘板座直径，所以时常发出现车轴的轴颈直径符合要求而防尘板座直径不在规定范围内（有时超出上限值，有时会低于下限值）的质量问题。

为了能有效控制相对于轴颈直径的防尘板座直径，可通过修改砂轮修整程序中相关程序段的方法在现场快速调整二者的配比尺寸。SIMMONS480-2 轴成型数控磨床和 PF61-S3000 成型数控磨床的砂轮修整程序如下：

（1）SIMMONS480-2 轴成型数控磨床的砂轮修整程序

```
%
:0022(DRESS RE2B);
N010 G56G90G94G00T01H01Z110.6490;
N016 M08;
N020 G00X0;
N030 G01G41X-63.2598F300;
N040 Z84.4809F200;
```

```
N050 G3 X-29.971 Z57.5054R30. F140;
N060 G1 X-29.971 Z0. F200;
N070 X-20.016Z0;
N080 G03X-16.6924Z-0.8161R2. F140;
N090 G03X0. Z-25.2709R40;
N100 G01X0. Z-245.0F200;
N110 G00X15.;
N120 Z200;
N130 G40;
N140 M99;
%
```

(2)PF61-S3000 成型数控磨床的砂轮修整程序

```
N10 G0G90G500
N11 Z=5.
N12 M1=8M2=8
N1 X=-1.5                                   ;P1
N20 G01Z=0. F200;
N21 X=0Z=-4.828                             ;P2
N30 G64G3 X=29.33 Z=-30.3822CR=30. F70      ;P3
N40 G64G1 X=29.33 Z=-88.428F120.            ;P4
N60 G64G01X=39.324Z=-88.428                 ;P6
N70 G64G03X=42.659Z=-89.2515CR=2. F70       ;P7
N80 G64G03X=59.34Z=-113.8689CR=40.0         ;P8
N90 G64G01X=59.339Z=-350.0F150              ;P9
N93 G0X=100;
N94 M1=9M2=9;
```

(3)当车轴防尘板座的直径尺寸超出上限值而欲将其调小时，须将 SIMMONS480-2 轴成型磨床修整程序中的 N050、N060 程序段内的带有下划线的 *X*-29.971 和 PF61-S3000 成型磨床修整程序中的 N30、N40 程序段内的带有下划线的 *X*=29.33 的数值加大相同的量。相反，当防尘板座的直径尺寸低于下限值而欲将其调大时，须将 *X*-29.971 和 *X*=29.33 的数值减小相同的量。加大或减小的量即为防尘板座直径改变的量，如防尘板座的直径比规定尺寸大 0.005 mm 时，则 *X*-29.971 和 *X*=29.33 的值分别要改为 *X*-29.965 和 *X*=29.325。

5. 车轴轴颈和防尘板座的圆柱度 0.01 mm 超差

为了保证轴承和后挡与车轴组装时压装力均匀上升，《铁路货车轮轴组装检修及管理规则》(铁运〔2007〕98 号)第二篇 3.9.1.2.5 规定“轴颈检修(含加工)后,圆柱度不大于 0.01 mm,直径可在全长范围内向轴颈端部方向逐渐减小;……”。

在生产现场,操作者采用量程为 150～175 mm 的外径千分尺测量 $RE_{2B}$型车轴轴颈上三个截面的尺寸(见图 4-24),以控制车轴轴颈的圆柱度 0.01 mm 不超差,且 S3 截面的直径值不得超过 $\phi$150.068 mm。但磨削过程中受机床和砂轮及工件等综合因素的影响,车轴轴颈的圆柱度并不一定完全与机床尾座调整的锥度一致,有时大于尾座锥度,有时可能小于尾座锥度。若频繁地调整机床尾座锥度以使车轴轴颈的圆柱度不超差,则将严重影响车轴的磨削效率;因此在现场常常通过修改砂轮修整程序中相关程序段的方法,来快速调整车轴轴颈的圆柱度。

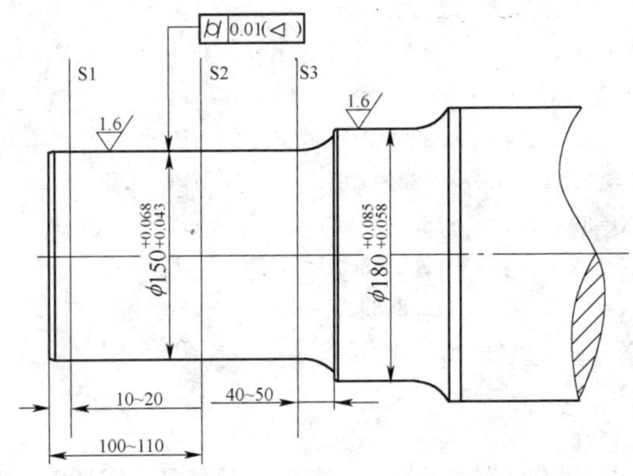


图 4-24　$RE_{2B}$型车轴轴颈的测量位置示意图

(1)SIMMONS480-2 轴成型数控磨床的砂轮修整程序

```
%
:0022(DRESS RE2B);
N010 G56G90G94G00T01H01Z110.6490;
N016 M08;
N020 G00X0;
N030 G01G41X-63.2598F300;
N040 Z84.4809F200;
N050 G3 X-29.971 Z57.5054R30.F140;
```

```
N060 G1 X-29.971 Z0. F200;
N070 X-20.016Z0;
N080 G03X-16.6924Z-0.8161R2. F140;
N090 G03X0. Z-25.2709R40;
N100 G01 X0. Z-245.0F200;
N110 G00X15.;
N120 Z200;
N130 G40;
N140 M99;
%
```

(2)PF61-S3000 成型数控磨床的砂轮修整程序

```
N10 G0G90G500
N11 Z=5.
N12 M1=8M2=8
N1 X=-1.5                                  ;P1
N20 G01Z=0. F200;
N21 X=0Z=-4.828                             ;P2
N30 G64G3 X=29.33 Z=-30.3822CR=30.F70       ;P3
N40 G64G1 X=29.33 Z=-88.428F120.            ;P4
N60 G64G01 X=39.324 Z=-88.428               ;P6
N70 G64G03 X=42.659 Z=-89.2515CR=2.F70      ;P7
N80 G64G03 X=59.34 Z=-113.8689CR=40.0       ;P8
N90 G64G01 X=59.339 Z=-350.0F150            ;P9
N93 G0X=100;
N94 M1=9M2=9;
```

(3)若调大车轴轴颈的圆柱度，则将 SIMMONS480-2 轴成型磨床修整程序中的 N100 程序段内带有下划线的 X0. 和 PF61-S3000 成型磨床修整程序中的 N90 程序段内带有下划线的 $X$=59.339 的数值加大相同的量；若减小轴颈的圆柱度，则将带下划线的数值减小相同的量。修改数值后需多次修整砂轮的廓型，试磨削工件并测量其圆柱度是否符合要求。

6. 车轴轴颈根部的 $R2$ 处出现"双眼皮"(凸台)

此情况多为砂轮修整程序中轴颈根部的 $R2$ 定义错误造成的，即绘图时 $R2$ 的起点未与小立面相切；重新绘图并计算相应的基点坐标即可解决。

另外，$RE_{2B}$型车轴精车加工程序中与 $R2$ 相切的 $R40$ 圆弧廓型比成型磨床的砂轮修整程序中 $R40$ 的圆弧廓型大时，磨削完毕后的车轴轴颈根部 $R2$ 处也会出现“双眼皮”（凸台）；调整精车加工程序和砂轮修整程序并使 $R40$、$R2$ 的圆弧尺寸相一致，即可解决“双眼皮”问题。注意：编程人员只有熟悉 $RE_{2B}$ 型车轴的加工工艺，方可编制出合理、优化的加工程序。

7. 砂轮切入时与车轴防尘板座根部先接触且磨削量较大

此情况为砂轮修整程序中与防尘板座相关的长度（$83^{+1}_{0}$ mm）小于精车加工程序中防尘板座的长度而造成的；重新绘图并计算相应的基点坐标可解决该问题。

通常采用倒推法，即先绘制 $RE_{2B}$ 型车轴的成品图并计算相应的基点坐标；再在成品图的基础上绘制精车加工图并计算相应的基点坐标；最后在精车加工图纸的基础上绘制半精车加工图并计算相应的基点坐标。如此可保证上下工序间尺寸的衔接，且使得 CNC 加工程序更合理和更优化。

8. Marposs P5 在线测量仪监控的车轴轴颈尺寸超出规定尺寸的下限。

PF61-S3000 成型数控磨床采用 Marposs P5 在线径向测量仪监控 $RE_{2B}$ 型车轴的轴颈磨削尺寸。当变换被磨削工件的类型时（如由 $RD_2$ 型车轴换为 $RE_{2B}$ 型车轴），应先将 Marposs P5 的两测爪的测量范围调节至最大，以免测爪伸出时与被测工件发生碰撞而折断；再将 $RE_{2B}$ 型标准车轴用天车吊至机床上进行装夹后，手动操作 Marposs 在线径向测量仪的两测爪伸出并卡在车轴的截面上，进行“机械至零”操作；然后进行“电气至零”的操作（见图 4-25）；最后手动控制测量仪反复测量该标准车轴 3～5 次，观察测量仪的重复测量值在 0～5 μm 内，如此便完成了 Marposs 在线径向测量仪的对刀操作。

在 Marposs P5 在线测量仪调整的过程中，若未进行“电气至零”操作，则将使磨削完毕的车轴轴颈尺寸超出规定尺寸的下限值。当 $RD_2$ 型车轴调整为 $RE_{2B}$ 型车轴时，测量仪须在 $\phi130.05$ mm 的基础上向上调节，“机械至零”后测量仪上脚规的值为 75 μm、下脚规值为 −15 μm，“电气至零”后测量仪将以 $\phi150.06$ mm 为基准直径；此时若未进行“电气至零”操作，则测量仪的基准直径仍为 $\phi130.11$ mm（130.05＋0.075－

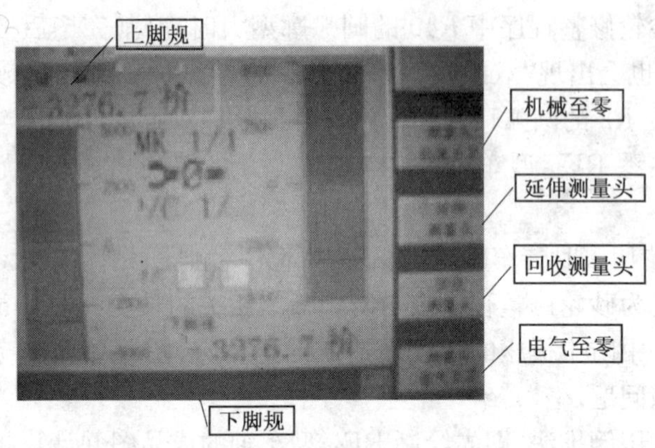


图 4-25　Marposs P5 测量仪的操作界面

0.015=130.11)，机床将以该值对 $RE_{2B}$ 型车轴进行磨削，从而导致车轴轴颈尺寸小于规定的下限值。

9. 配 SINUMERIK 840D 数控系统的 Z 伺服轴出现 AL25000 和 AL25001 报警而导致 PF61-S3000 成型数控磨床无法运转。

PF61-S3000 成型磨床配置了 SINUMERIK 840D 数控系统，其 X 轴的伺服执行机构采用带绝对式旋转编码器(海德汉 EQN1325-2048)的 1FT6 交流伺服电动机，位置检测装置为海德汉 LB382C 钢基直线光栅尺，X 轴属于全闭环控制方式。在机床运用过程中，Z 轴移动和静止时均出现 AL25000 Axis MZ hardware fault of active encoder(即 Z 轴主动编码器硬件出错)和 AL25001 Axis MZ hardware fault of passive encoder(即 Z 轴从动编码器硬件出错)报警。一般造成这两个报警的原因有：电动机编码器信号线短路，光栅尺信号线短路，滚珠丝杠副润滑不良，光栅尺的读数头污染或损坏，光栅尺的标尺光栅损坏，系统轴控制卡故障，电动机编码器故障。

维修时，采用互换件法和排除法对可能的故障原因，按照由外到内和由简单到复杂的原则逐一进行排查，如更换备用轴控制卡(或将与 Z 轴型号完全相同的轴控制卡交换)查看报警是否消除，或者用备用信号线更换被怀疑的信号线以排除线路的故障等。考虑到光栅尺的价格昂贵和维修专业性强等因素，暂时不排查光栅尺硬件的状态，可先更换电动机的编码器,观察报警是否消除。

由于绝对式旋转编码器不仅有保证位置同步的转子位置识别信号,还要识别机床更换前的位置,所以绝对式编码器的拆装和相关参数的调整非常重要。海德汉 EQN1325-2048 型绝对式旋转编码器的更换方法如下:

(1)卸开电动机后盖及编码器的后盖;松开编码器安装螺丝。

(2)旋转电动机转子轴,使编码器转子上的标志和编码器壳上的标志重合。

(3)用特制螺丝顶出编码器并卸下,避免损坏编码器。

(4)旋转新的编码器,使编码器的两个标志重合。

(5)按上述相反顺序安装编码器并保证电动机转子不动,防止转子相对位置丢失。

(6)手摇 $Z$ 轴到机床参考点处。

(7)设定 $Z$ 轴参数 34210ENC_REFP_STATE[0]=0,并 NCK reset。

(8)设定 $Z$ 轴参数 34090REFP_MOVE_DIST_CORR[0]=0,并 NCK reset。

(9)将 MCS 坐标的相反数值输入到 $Z$ 轴参数 34090[0]中,34210[0]=2,并 NCK reset;重新开机正常执行回参考点程序即可。

### 4.1.5 车轴轮座磨削加工常见质量问题原因分析

$RE_{2B}$型车轴轮座磨削过程中,除了存在轮座表面直波纹和圆柱度 0.05 mm 超差及 Marposs 在线测量仪监控的车轴轮座尺寸小于规定下限值等问题外,还会出现与 SINUMERIK 810D 系统有关的问题(如数控单元 CCU3.0 因现场环境恶劣而烧毁等),而导致 MK1350×3000 型数控外圆磨床无法运转。

数控单元 CCU3.0 烧毁后,需更换该配件;但 CCU3.0 随着数控技术的不断发展而不再生产,故只能用 CCU3.4 版本的数控单元进行更换。当更换 CCU3.4 后,先前备份的启动数据(进给驱动数据和主轴驱动数据)无法回传至 CNC 系统,机床不能正常启动。为了恢复机床运转,只能在人机交互界面 MMC100.2(MMC103 直接在 OP 上进行)中借助“SIMODRIVE 611D START-UP TOOL”软件来重新配置机床的驱动数据。操作过程如下：

1. 设定相关参数：Location（设定驱动模块的位置），Drive（设定此轴的逻辑驱动号），Active（设定是否激活此模块）。

2. 当配置完成并有效后，需存储一下（SAVE）→OK，此时 NCK 复位一次。

3. 启动后显示 300701 报警，此时灰色的 FDD 和 MSD 变为黑色，按照“FDD→Motor Controller→Motor Selection 按电动机铭牌选择相应的电动机→OK→OK→Calculation”的步骤选择电动机。

4. 用 Drive＋或 Drive－切换下一个伺服轴，按如下步骤进行：MSD→MotorController→MotorSelection 按电动机铭牌选择相应的电动机→OK→OK→Calculation→Boot File→Save BootFile→Save All→NCK 复位一次。

5. 至此，驱动配置完成，CCU3.4 正面的 SF 红灯灭掉；各轴可以运行。

6. 最后，按照如下步骤将某一轴设定为主轴：

（1）将该轴设为旋转轴：MD30300＝1，MD30310＝1，MD30320＝1；

（2）找到轴参数，用 AX＋ 和 AX－ 找到该轴，设定相应参数：MD35000＝1，MD35100＝XXXX，MD35110[0]，MD35110[1]，MD35130[0]，MD35130[1]，MD36200[0]，MD36200[1]；且 NCK 复位一次。

7. 系统启动后，在 MDA 方式下输入程序段 S＊＊M03；按下操作面板上的[NC START]按钮后主轴即可运转。注意：所有关键参数配置完成后，应在 JOG、MDA 等方式下以不同的速度运行各伺服轴，观察其运行状态。

## 4.2　轮对组装过程中常见质量问题原因分析

### 4.2.1　轮对预组装常见质量问题原因分析

车轴和车轮进行预组装时，偶尔会出现预组装不到位的情况，且预组装后车轴与车轮的同轴度不好而导致下列两种情况出现：

1. 待压装的$RE_{2B}$型轮对自预组装位输送至组装位的过程中，车轮会掉下而卡在车轴的轴颈上，形成深度超限的碰伤致使该车轴报废（见图4-26）。

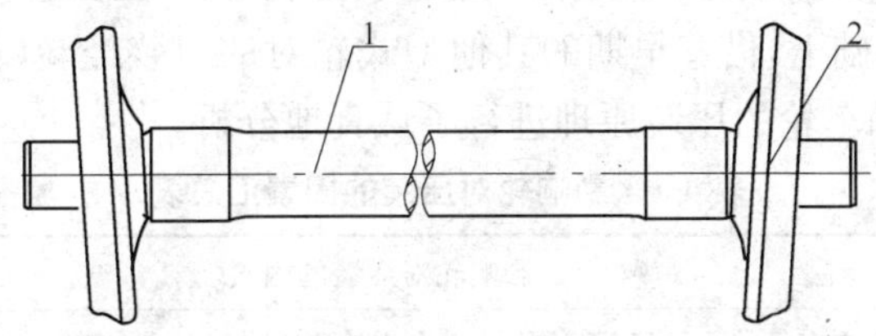


图 4-26　输送时车轮掉下示意图

1—$RE_{2B}$型车轴；2—辗钢或铸钢车轮

2. 若调大设备的预组装压力，则因轮对预组装和轮对组装属于二次装夹，易形成组装时车轮在车轴上的第二次找正而产生金属毛刺，从而影响轮对的组装质量，严重者发生戗轴事故（绝大多数情况下车轴和车轮均报废）。

针对以上两种情况，该单位设计制作了组装用尼龙保护套。在车轴和车轮进行预组装前，由操作者将尼龙保护套套在$RE_{2B}$型车轴的轴颈和防尘板座上（见图4-27）；直至轮对组装结束再取下即可。

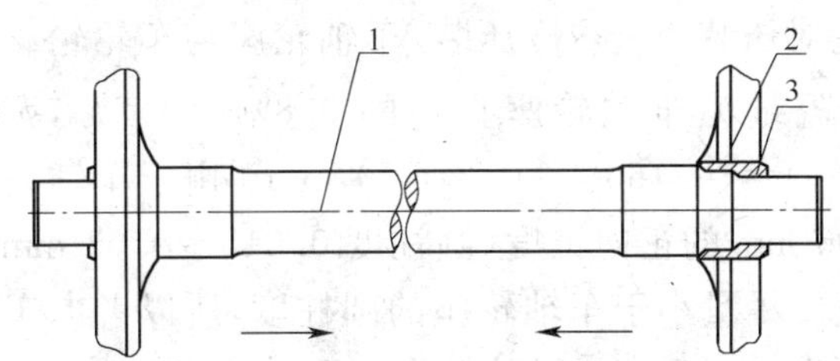


图 4-27　使用尼龙保护套的轮对预组装示意图

1—$RE_{2B}$型车轴；2—辗钢车轮或铸钢车轮；3—组装用尼龙保护套

### 4.2.2　轮对压装常见质量问题原因分析

$RE_{2B}$型轮对是保证铁路车辆安全运行的关键部件，它由$RE_{2B}$型车轴与辗钢车轮或铸钢车轮采用过盈配合的冷压装而成。在运行时，它既承受了车辆的全部质量，又受到交变载荷和静载荷及制动载荷的交互作用。若轮对的压装质量不好，在行车过程中会出现车轴与车轮松动或内侧距超差等现象，严重者酿成车辆脱轨事故。因此，为了严格控制 $RE_{2B}$ 型轮对的压装质量，最大限度地降低造车成本，该单位在遵守部文部令等相关规定的基础上，借鉴早期的其他型式轮对的组装经验（见表 4-1），对 $RE_{2B}$ 型车轴和车轮的压装原理进行了认真地分析。

**表 4-1　影响轮对压装的因素汇总表**

| 序号 | 影响轮对压装的因素 |
| --- | --- |
| 1 | 车轴轮座直径的内外径差（该值的一半为轮座对轴颈的圆柱度） |
| 2 | 车轮轮毂孔的内外径差 |
| 3 | 车轴轮座与车轮轮毂孔的配合过盈量 |
| 4 | 车轴轮座的磨削质量，如存在直波纹或粗糙度过高等 |
| 5 | 车轮轮毂孔的加工质量，如存在积屑瘤、粗糙度超差或圆弧过渡处凸台等 |
| 6 | 压装前，车轴轮座表面和车轮轮毂孔的清洁度及涂抹纯植物油的均匀性 |
| 7 | 压装前，车轴与车轮预组装质量的可靠性及压装时二次找正的同轴性 |
| 8 | 压装不合格轮对的退卸及时性和操作人员的责任心等 |

1. $RE_{2B}$ 型轮对压装机理分析

$RE_{2B}$ 型轮对压装为过盈冷压装，车轴轮座与车轮轮毂孔采取过盈配合，配合过盈量为车轴轮座直径的 0.8‰～1.5‰，$\phi 210^{+1}_{-2}$ mm×(0.8‰～1.5‰)＝(0.166 4～0.316 5) mm。由于车轴轮座经磨削后有 0.03～0.06 mm 的正向锥度（圆柱度 0.015～0.03 mm），且车轮轮毂孔的圆柱度要尽量小于车轴轮座的圆柱度，所以考虑车轴轮座正向锥度的影响而选择实际配合过盈量为 0.19～0.26 mm。

$RE_{2B}$ 型车轴与车轮压装过程中，车轴轮座部分沿车轮轮毂孔移动，在压装配合面上产生弹性变形和塑性变形，当压装力克服了压装配合面上的正压力产生的摩擦力时，两者产生相对移动，从而实现车轴与车轮的压装。压装力的表达式为：

$$F = p' \mu \pi d_4 l \qquad ①$$

式中 $F$ 为压装力；$p'$ 为正压力；$\mu$ 为装配面摩擦因数；$l$ 为装配面长度；$d_4$ 为轮座直径。

且 $$p'=(1+c)p \quad ②$$

式中 $p$ 为理论正压力，整体车轮 $c$ 取 0.2。

$$p=\varepsilon E\frac{K^2-1}{2K^2} \quad ③$$

式中 $E$ 为材料的弹性模量；$\varepsilon$ 为过盈量比（$\varepsilon$=过盈量/直径）。

$$K=\frac{d'-D_3}{d_1}\text{（}d',D_3\text{ 和 }d_1\text{ 的定义及尺寸见图 4-28）} \quad ④$$

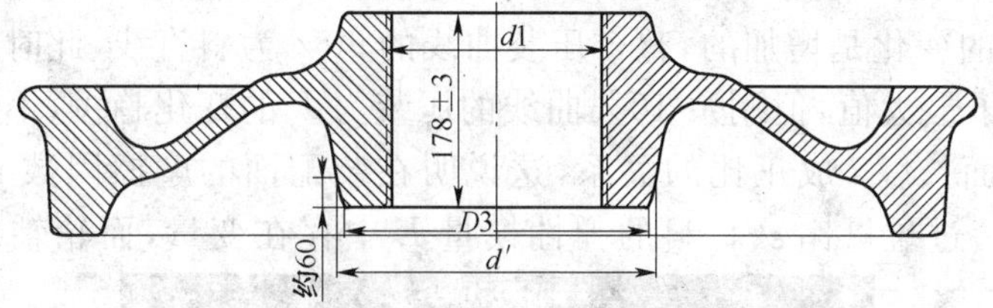


图 4-28　HESA 或 HEZD 型整体车轮的结构图

由式①、②、③、④整理得：

$$F=0.6\varepsilon\mu\pi d_4 l\left(1-\frac{d_1^2}{(d'-D_3)^2}\right) \quad ⑤$$

由式⑤可看出：$RE_{2B}$ 型车轴与车轮的压装一经开始，装配面的摩擦因数 $\mu$、轮座直径 $d_4$、过盈量比 $\varepsilon$、材料的弹性模量 $E$、车轮轮毂孔直径 $d_1$、车轮轮毂直径 $D_3$、$d'$ 均已确定为常量，压装过程中只有装配面的长度 $l$ 发生变化；因此，压装力 $F$ 与装配面的长度 $l$ 成正比的关系，$RE_{2B}$ 型轮对压装曲线理论上是一条斜率为 $0.6\varepsilon\mu\pi d_4\left(1-\frac{d_1^2}{(d'-D_3)^2}\right)$ 的直线。良好的 $RE_{2B}$ 型轮对压装曲线如图 4-29 所示。

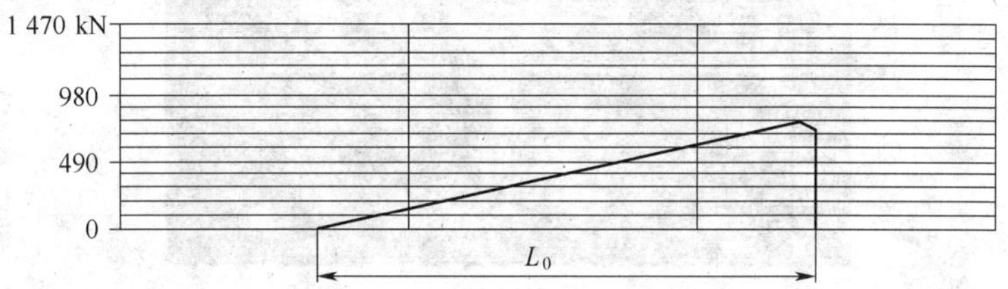


图 4-29　良好的 $RE_{2B}$ 型轮对压装曲线图（$L_0/L \geqslant 80\%$）

2. $RE_{2B}$型轮对压装曲线分析

《铁路货车轮轴组装检修及管理规则》(铁运〔2007〕98 号)给出了$RE_{2B}$型轮对压装压力曲线理论长度 $L$ 的计算公式 $L=(S+A-K-r)i=$ 173～181 mm，式中 $S$ 为车轮轮毂孔长($178\pm3$)，$A$ 为伸出于轮毂孔外端之轮座长(11)，$K$ 为轮座前端锥形引入段长度($10_{-2}^{\ 0}$)，$r$ 为轮毂孔内侧圆弧半径($R3$)，$i$ 为压力指示器之传达系数($i=1$)。

从图 4-30 轮对压装的实际压力曲线来看，在整个压装过程中压装力 $F$ 的变化是增加的，整个压装曲线的 90％为斜直线，此时压装力 $F$ 达到了最大值，但剩余 10％曲线的压装力 $F$ 的变化趋缓，不再保持与装配面长度 $l$ 成正比的关系，这说明在装配面的摩擦因数 $\mu$、轮座直径 $d_4$、过盈量比 $\varepsilon$、材料的弹性模量 $E$ 中存在变量，而轮轴的材质

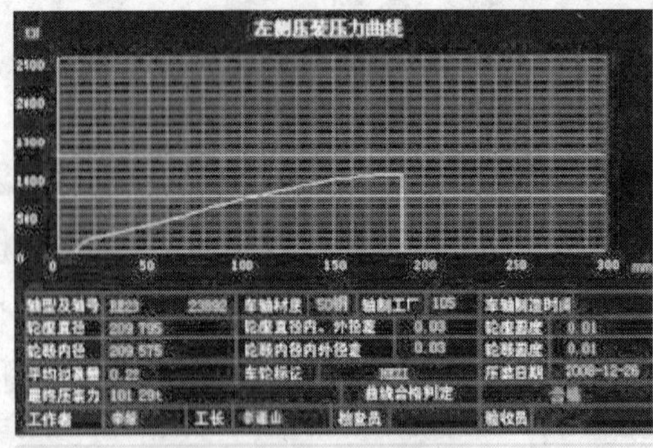


(a)左侧压装压力曲线

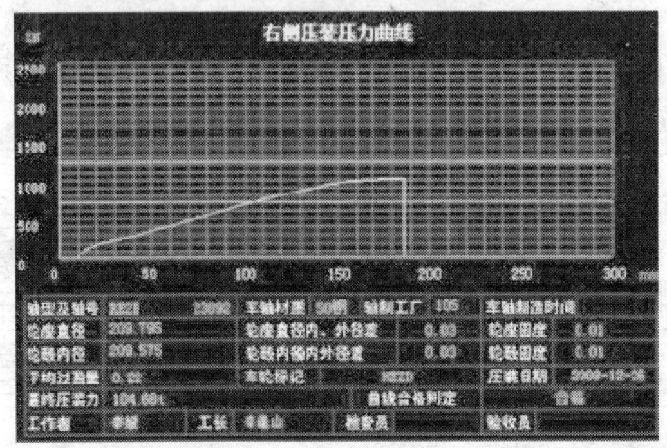


(b)右侧压装压力曲线

图 4-30　$RE_{2B}$型轮对压装的实际压力曲线

未发生变化，摩擦因数 $\mu$ 和轮座直径 $d_4$ 的变化非常小，对压装力 $F$ 的影响不明显，因此，推断压装力 $F$ 增加趋势变化的原因是过盈比 $\varepsilon$ 改变造成的。

3. $RE_{2B}$型轮对压装实际情况分析

对该单位某一年度全年的 $RE_{2B}$型轮对压装进行了统计，其一次压装合格率仅为 86.75%。作为 $RE_{2B}$型轮对一次压装不合格的情况统计见表 4-2。

**表 4-2　$RE_{2B}$型轮对一次压装不合格的统计**

| 一次压装不合格原因 | 占有比例(%) |
| --- | --- |
| 压装过程中压力上升不稳，曲线波动较大 | 1.06 |
| 压装时产生跳吨 | 1.69 |
| 压装曲线末端平直线降吨 | 8.53 |
| 压装时戗伤，压力曲线急剧上升 | 1.94 |
| 其他 | 0.03 |

经统计分析，得出：影响 $RE_{2B}$型轮对压装一次合格率的主要原因是压装曲线末端平直降吨，尤其是使用 HEZD 型铸钢整体车轮时反映更明显。若显著减少压装曲线末端平直降吨不良情况的出现，则 $RE_{2B}$型轮对的一次压装质量会大大提高。

4. $RE_{2B}$型轮对压装曲线末端平直降吨原因分析及解决措施

轮轴装配是过盈冷压装，在压装过程中车轴轮座和车轮轮毂孔都产生弹性变形和塑性变形，在配合面上产生正压力，从而产生压装应力。日本学者原荣对轮座直径为 190 mm 的车轴与辐条车轮压装时轮座表面的应力进行了测试，测得在径向有辐条的位置上应力最大，辐条之间的位置上应力最小，并根据轴向上的应力绘制出了车轴装配面的应力分布图(见图 4-31)。

从图 4-31 可看出：在车轮轮毂两个侧面辐条之外的位置上应力较小，有辐条的位置上应力较大。产生这种情况的原因是辐条的存在改变了轮毂壁的厚度，增强了轮毂在轮轴组装过程中抵抗变形的能力，在相同过盈比的压装过程中产生较大的应力，因此正压力就大。辐板车轮与辐条车轮虽然在结构和形式上有所不同，但在压装过程中对轮座表面的应

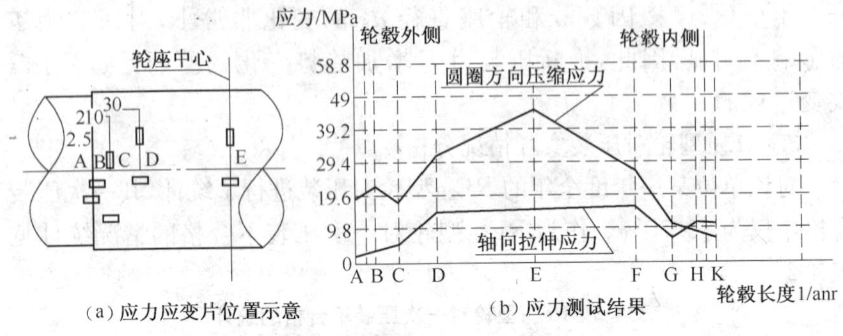

(a) 应力应变片位置示意　　(b) 应力测试结果

图 4-31　车轴装配面的应力分析(圆周方向压缩应力)

力分布是可以类推的。

从图 4-31 还可看出:车轮的轮毂厚度在距轮毂内侧面约 2/3 的范围内由于车轮辐板的原因逐渐增加,约从距轮毂内侧面 2/3 处开始逐渐远离车轮辐板,轮毂厚度在逐渐减少至 40 mm 时,轮座表面的应力随着轮毂壁的厚度减小而减小,应力的减小导致装配面的正压力也随之减小,由公式 $F=0.6\varepsilon\mu\pi d_4 l\left(1-\frac{d_1^2}{(d'-D_3)^2}\right)$得出装配面正压力减小的原因是由轮毂壁变薄导致过盈量比 ε 变小造成的。虽然此时配合长度 $l$ 在增加,但由于过盈量比 ε 的减少,于是压装力 $F$ 不再保持原有的增加趋势,压装曲线出现了末端平直降吨的现象,这与实际压装曲线反映的情况相吻合。$RE_{2B}$型轮对压装末端平直降吨的压装曲线见图4-32所示。

通过以上分析可看出,车轮辐板的结构形式是造成 $RE_{2B}$型轮对压装后 10%过程的过盈量比 ε 减小,致使装配面的正压力减小,从而出现了压装力 $F$ 不增反降现象的主要原因。解决 $RE_{2B}$型轮对压装曲线末端平直降吨问题的有效途径有如下两条:

(1)将磨削完毕的车轴轮座正向锥度控制在 0.03～0.06 mm,实际选择 0.05 mm;且使车轮轮毂孔的圆柱度尽量小于车轴轮座的圆柱度,实际选择 0.04 mm。

(2)通过将选配过盈量在实际过盈量 0.19～0.26 mm 范围内适当加大(装用 HEZD 型铸钢整体车轮时,过盈量按 0.23～0.25 mm 控制;装用 HESA 型辗钢整体车轮时,过盈量按 0.21～0.23 mm 控制),使压装

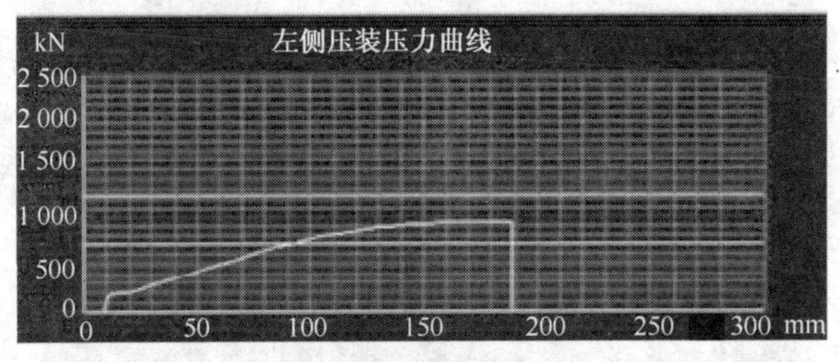


(a)图形一

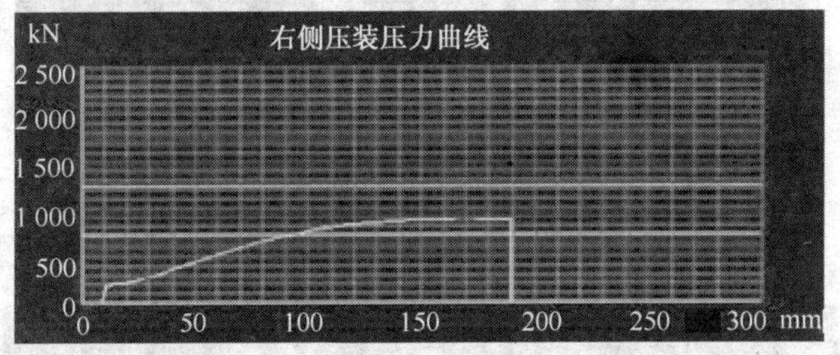


(b)图形二

图 4-32　$RE_{2B}$型轮对压装末端平直降吨压装曲线

过程中车轴与车轮的组装过盈量比 ε 增加，以弥补压装后 10%过程过盈量比 ε 减小，从而避免压装曲线末端平直降吨的出现。

5. 车轴与车轮组装时发生戗伤(严重者车轴和车轮报废)，致使压力曲线急剧上升

$RE_{2B}$型轮对组装过程中，受车轮轮毂孔加工质量(如积屑瘤、粗糙度过高或圆弧过渡处凸台等)和压装前车轴轮座表面及车轮轮毂孔涂抹纯植物油不均匀等情况的影响，而导致车轴和车轮组装时发生戗伤(严重者车轴和车轮报废)，使压力曲线急剧上升。不合格的压力曲线及相应原因和解决措施分别见图 4-33、图 4-34、图 4-35 和图 4-36。

### 4.2.3　轮对自动检测常见质量问题原因分析

TG0112 轮对自动测量机在测量轮对过程中因多个连续动作的协调不一致，$RE_{2B}$型轮对会从夹持工装上掉下，使车轴的中心孔被严重划伤而无法修复，车轴报废。

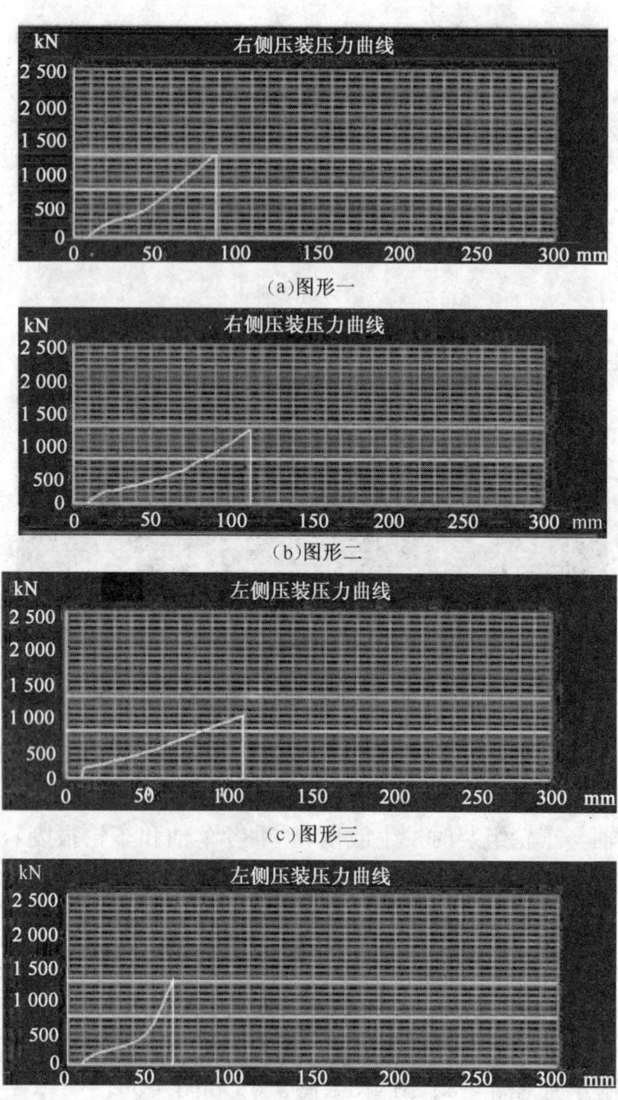


(a)图形一

(b)图形二

(c)图形三

(d)图形四

图 4-33　不合格压力曲线(一)

因车轴和车轮的预组装和组装为二次装夹，组装时车轮在车轴上进行第二次找正而产生金属毛刺将造成戗轴发生；预组装前，可用尼龙保护套套在车轴的轴颈和防尘板座上，直至组装结束再取下即可解决。

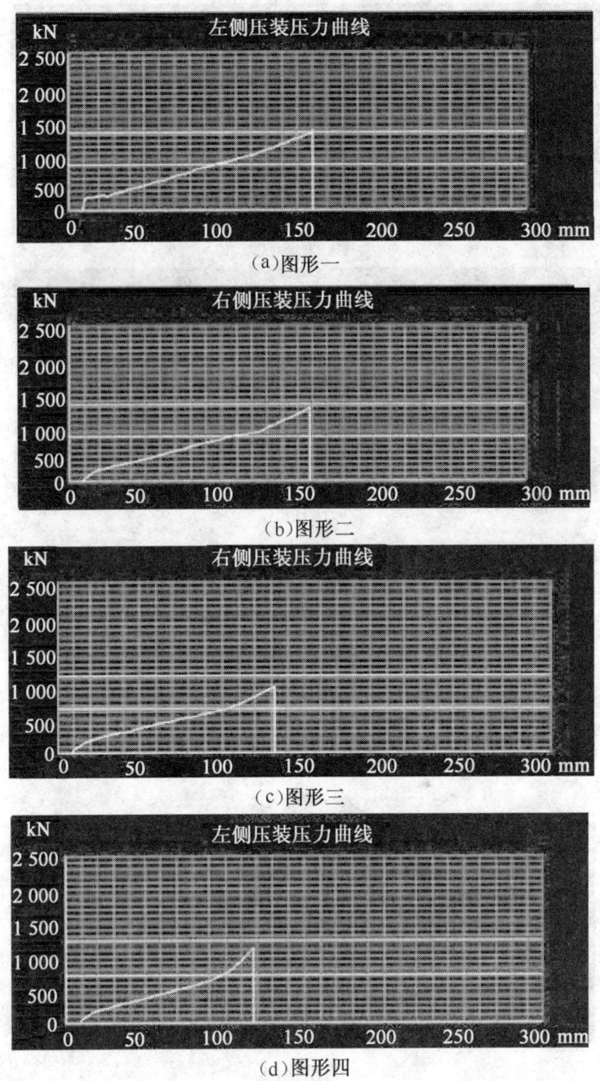


(a)图形一

(b)图形二

(c)图形三

(d)图形四

图 4-34　不合格压力曲线(二)

因车轮轮毂孔内存在积屑瘤等造成戗轴(操作者在原有轮轴输送线上无法进行积屑瘤的检查);在原轮轴输送线的空隙间设计车轮翻转装置,操作者用该翻转装置可将精镗完毕的车轮立起来,以检查轮毂内孔是否存在积屑瘤等,当发现异常时用00号砂布蘸油打磨而消除掉。有时,也会因车轴轮座和车轮轮毂孔涂抹纯植物油不均匀而造成戗轴。

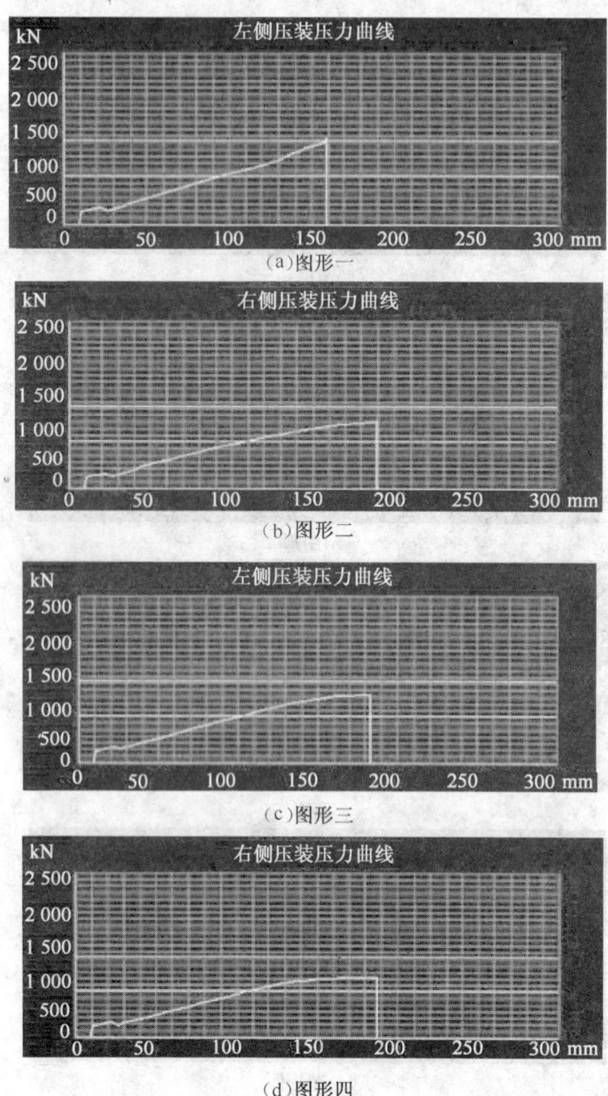

(a)图形一

kN 右侧压装压力曲线 (b)图形二

kN 左侧压装压力曲线 (c)图形三

kN 右侧压装压力曲线 (d)图形四

图 4-35　不合格压力曲线(三)

因车轮轮毂孔加工时内侧面的 $R3$ 倒角不到位，使轮毂孔与 $R3$ 倒角的结合处存在凸台而造成压装时曲线凸跳；重新调整内侧面的倒角刀与精镗刀的位置即可解决该问题。

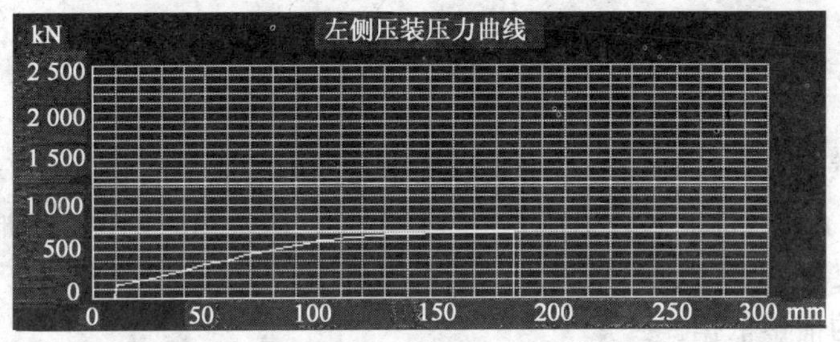


图 4-36　不合格压力曲线(四)

未按照规定的过盈量选配车轴轮座和车轮轮毂孔,且压装时又依据惯例录入数据,故形成了此种曲线。

解决措施:调整光电开关的位置,在"测量界面"中点击[测量项目设置]按钮进入系统设置界面,进而选择"延时设置"窗口以设定相关动作的时间(见图 4-37)。通过增加顶尖后退缓冲的时间和减小夹紧后托架下降延时的时间,来减少托架的下降距离,从而解决 $RE_{2B}$ 型轮对测量过程中掉下的问题。

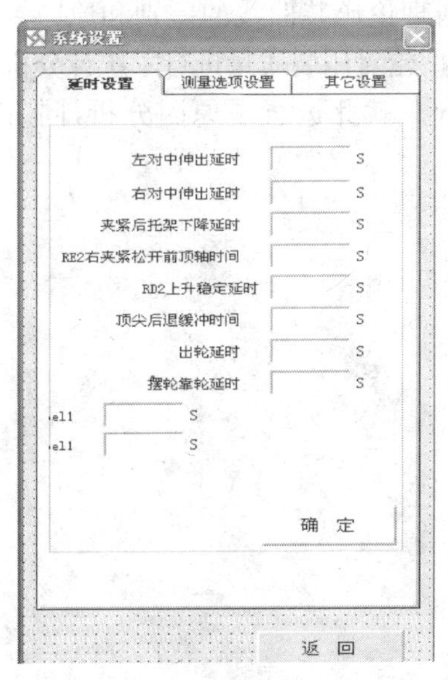


图 4-37　系统设置界面的延时设置窗口

## 4.3 本章小结

本章对车辆轮轴加工与组装过程中常发生的质量问题进行了原因分析，制定了针对性的整改措施；并经现场验证：防范措施到位，轮轴加工组装效果良好，造车成本得到合理控制。如此可为铁路货车各造修厂提供强有力的借鉴依据。

在车轴加工质量问题的分析过程中，不仅考虑了 CNC 机床的机械本体对产品质量的影响，还涉及 CNC 机床位置检测装置和加工程序等方面的影响；不仅考虑了工具对产品质量的影响，还充分注意到了工具消耗对造车成本的影响；不仅考虑了上下工序间的合理衔接，还注重了生产效率的有效提高。

在轮对组装方面，书中重点讲述了轮对压装质量问题的分析。首先借鉴了早期其他型式轮对组装的经验，得出影响 $RE_{2B}$型轮对压装质量的 8 项因素。其次对 $RE_{2B}$型轮对的压装机理和压装曲线进行了分析，得出轮对实际压装曲线与理论压装曲线的差别和原因。再者书中对 A 单位某年度全年的 $RE_{2B}$型轮对压装质量进行了统计分析，得出影响一次压装合格率的 5 条因素，并就此进行了原因分析，同时给出了相应的解决方法。

# 参考文献

1 运装货车〔2005〕311号．铁路货车轮轴基础工艺线建设指导意见

2 铁运〔2007〕98号．铁路货车轮轴组装检修及管理规则．北京：中国铁道出版社，2007

3 TB/T 2945—1999. 铁道车辆用LZ50钢车轴及钢坯技术条件．北京：中国铁道出版社，1999

4 TB/T 2204.2—2000. 车辆滚动轴承车轴轮座前肩弧度B型样板．北京：中国铁道出版社，2000

5 TB/T 1010—2005. 铁道车辆用轮对型式与基本尺寸．北京：中国铁道出版社，2005

6 TB/T 1718—2003. 铁道车辆轮对组装技术条件．北京：中国铁道出版社，2003

7 TB/T 2817—1997. 铁路车辆用辗钢整体车轮技术条件．北京：中国铁道出版社，1997

8 TB/T 1013—1999. 铁路车辆用碳素钢铸钢车轮技术条件．北京：中国铁道出版社，1999

9 TB 1988—1987. 车辆轮对轮位差测量器．北京：中国铁道出版社，1987